谚语 歇后语

流 年 主编

北京工艺美术出版社

图书在版编目（CIP）数据

谚语歇后语/孙永辉主编． — 北京：北京工艺美术出版社，2018.6

ISBN 978-7-5140-1346-7

Ⅰ.①谚… Ⅱ.①孙… Ⅲ.①汉语-谚语-汇编 ②汉语-歇后语-汇编 Ⅳ.①H136.3

中国版本图书馆CIP数据核字（2017）第174784号

出 版 人：陈高潮
责任编辑：张怀林
装帧设计：子 时
责任印制：宋朝晖

谚语歇后语

孙永辉 主编

出　　版	北京工艺美术出版社	
发　　行	北京美联京工图书有限公司	
地　　址	北京市朝阳区化工路甲18号	
	中国北京出版创意产业基地先导区	
邮　　编	100124	
电　　话	(010) 84255105（总编室）	
	(010) 64283627（编辑室）	
	(010) 64280045（发　行）	
传　　真	(010) 64280045/84255105	
网　　址	www.gmcbs.cn	
经　　销	全国新华书店	
印　　刷	北京中振源印务有限公司	
开　　本	720毫米×1020毫米　1/16	
印　　张	21	
版　　次	2018年6月第1版	
印　　次	2018年6月第1次印刷	
印　　数	1~5000	
书　　号	ISBN 978-7-5140-1346-7	
定　　价	56.00元	

前言 preface

　　五千年历史沧桑的沉淀、淬炼，凝聚成绝妙的汉语言艺术。其中谚语和歇后语堪称语言中的精华，被评为"美丽的语言""智慧的闪光""语言中的盐"，也有"智慧花朵""词库中的钻石"之誉。这些既通俗又简洁的语句，既表意深刻，幽默风趣，又富有生活气息，以其独特的表现力，给人以深思和启迪，从古至今，都被人们广泛应用。学习并掌握谚语和歇后语，能让孩子在感受汉语魅力的同时，积累丰富的口语材料，从而使语言更富有个性和表现力，使文章显得活泼风趣、生动形象。

　　本书精选谚语与歇后语中的精华部分，分为上、下两篇，分别从不同角度对所选语句进行分类。上篇谚语分为时间类、学习类、修身类、立志类、生活类、家庭类、交际类、才能类、勤劳类、勇敢类、育人类、言谈举止类、成败类、国家类、季节类等；下篇歇后语分为生活类、学习类、器具类、服饰类、动物类、植物类、语言文字类、名著类、经济类、数字类、百业类、交通类、地理类、季节类、历史文化类等。逐条加以解释、运用举例，便于孩子理解并根据需要进行选用。书中每个小节后都配有一个相关的趣味故事，让孩子在阅读故事时品味谚语和歇后语所要表达的超凡智慧，给人以警醒、鞭策、鼓励、教育，使孩子从中汲取丰富的养料。选配的精致插图，不仅增加了图书的趣味性，更能激发孩子的阅读兴趣。其后会有"游戏室"或"积累卡"等小栏目，既扩展了选材内容，又能丰富孩子的知识面，让孩子对前面的知识进行及时的总结和巩固。

谚语和歇后语都是源于生活，所谓"出自胸中"，"都是实话"，所以对孩子来说，更加生动形象、通俗亲切，便于理解和掌握，并灵活运用。同时，在运用的过程中，又能给人启迪，让人思考，催人奋进，给孩子以智慧的力量，成为孩子学习、成长的良师益友。

目录 contents

上篇 谚语 　　　1

下篇 歇后语 151

上篇

谚语

★ 玉不琢，不成器

★ 君子一言，重于九鼎

★ 胸有凌云志，无高不可攀

★ 日出唤醒大地，读书唤醒头脑

时间类 谚语

SHIJIAN LEI YANYU

把一生当作一天，把一天看作一生

释义 指每一天都要过得很认真、很充实，不要浪费时间。

例句 "把一生当作一天，把一天看作一生"，这样我们才会懂得如何爱惜自己的时间。

百岁光阴如捻指，人生七十古来稀

释义 捻：用手指搓。百年的光阴如同搓手指似的，很快就消逝；人能活到七十岁就不容易，是古来少有的。

例句 时光匆匆，爷爷的头上已经满是银发，他最近常常感叹"百岁光阴如捻指，人生七十古来稀"。

赶路赶早不赶晚，时间能挤不能放

释义 比喻做事情要抓紧时间。

例句 "赶路赶早不赶晚，时间能挤不能放。"你现在不抓紧复习，考试的时候肯定会吃大亏。

日月莫闲过，青春不再来

释义 不要虚度光阴，青春流逝，一去不返。比喻光阴短暂，一定要好好珍惜、合理利用。

例句 校长和蔼可亲地对全体同学说："'日月莫闲过,青春不再来',你们一定要抓紧时间学习,珍惜在校学习的每一分钟。"

花开花谢年年有,人老何曾再少年

释义 花谢了还有再开的时候,人老了就不可能再回到少年时代了。

例句 年轻时总觉得时间还长着呢,没有深刻地体会到"花开花谢年年有,人老何曾再少年"的含义,虚度了大好光阴,白发苍苍时只有空悲叹。

好花不常开,好景不常在

释义 比喻美好的事物往往不能长久地存在下去。

例句 真是"好花不常开,好景不常在"啊!前些年她家日子还过得那么富足,如今却难以解决温饱问题。

花可重开,鬓不再绿

释义 比喻青春不可能复返,应珍惜大好年华。

例句 "花可重开,鬓不再绿。"我们应该珍惜时间,珍惜年轻时候的大好时光。

枯木逢春犹再发,人无两度再青春

释义 告诫人们,尽管枯树逢春可以再生长,但人的青春却是一去不复返的。因此,要珍惜时间,不要虚度年华。也作:枯木逢春犹再发,人无两度再少年。

例句 "枯木逢春犹再发，人无两度再青春。"我们不趁着青春年少，好好奋斗，难道要等老了之后再后悔吗？

少壮不努力，老大徒伤悲

释义 老大：上了年纪。徒：白白地。指年轻时不努力，年老时会因虚度时光而悲伤。

例句 古人有云："少壮不努力，老大徒伤悲。"大丈夫功业当及时建立，以垂不朽。（明·冯惟敏《不伏老》一折）

知识窗

少壮不努力，老大徒伤悲。这句谚语也是一句诗，它出自《乐府诗集·长歌行》："百川东到海，何时复西归。少壮不努力，老大徒伤悲。"

时间如流水，一去不复返

释义 指时间像流水一样，永远不会倒流，失去了就永远也找不回来了。

例句 我多么想念童年的美好时光，可"时间如流水，一去不复返"，只有那些照片是永恒的留念。

时间一分，贵如千金

释义 千金：虚数，泛指很多钱。指时间非常珍贵，告诫人们要珍惜时间。

例句 我们有一句俗话："时间一分，贵如千金！"站着做买卖，比坐着要快得多。

待到云开月自明

释义 等到一定的时机，事情自然会真相大白。

例句 很多误会无须解释，"待到云开月自明"，时间自会证明一切。

躲得了初一，躲不了十五

释义 初一：农历每月的第一天。指事情迟早要做，躲是躲不过的。也作：躲得和尚躲不得寺 | 躲过初一，躲不过十五 | 躲得了和尚，躲不了庙。

例句 "躲得了初一，躲不了十五。"既然这事一定要办，宜早不宜迟，还是尽快办吧。

忙时心不乱，闲时心不散

释义 忙碌的时候不要因为事情多而一片混乱，闲散的时候不要因为没有事情做而懒散。

例句 大家要学会好好调整自己的工作心态，一定要做到"忙时心不乱，闲时心不散"，这样才能让自己更有竞争力。

一寸光阴一寸金，寸金难买寸光阴

释义 指时间非常宝贵，无法用金钱来衡量。

例句 "一寸光阴一寸金，寸金难买寸光阴！"买书要紧，万不能再耽误了一寸金子啊！（老舍《荷珠配》）

> **知识窗**
>
> 老舍，本名舒庆春，字舍予，笔名老舍。北京满族正红旗人，中国现代著名小说家、文学家、戏剧家，被称为"人民艺术家"。代表作有：《骆驼祥子》《四世同堂》《老张的哲学》等。

明月不常圆，好花容易落

释义 月亮不经常圆，鲜花开后会谢。比喻称心如意的好时光或好事情不可能长久存在。

例句 虽然你还很年轻，可是要知道"明月不常圆，好花容易落"。如果你不珍惜现在的大好年华，还是这样整天无所事事，随着时间的流逝，到时你就只剩下后悔了。

人生一世，草木一秋

释义 人生像野草的生命那样短暂，应该珍惜宝贵的时间。也作：人生一世，草生一春。

例句 "人生一世，草木一秋。"人的一生如花开花落，转瞬即逝，因此我们要更加珍惜时间。

水流东海不回头，误了青春枉发愁

释义 水不会倒流，青春一旦过去，再怎么发愁也毫无意义。

例句 你现在还年轻，落榜没什么大不了，应该复读。"水流东海不回头，误了青春枉发愁"，还不趁年轻再搏一次？

无情岁月增中减，莫到白首空悲切

释义 随着时光的流逝，人的年龄在增长，活在世上的日子却在减少；一定要珍惜时光，否则老的时候只能空自悲切。

例句 "无情岁月增中减，莫到白首空悲切。"我们应珍惜有限的时光，才不至于年老之后感慨一生碌碌无为。

青春易逝，岁月难留

释义 青春容易消逝，岁月无法挽留。

例句 "青春易逝，岁月难留"，我们要好好珍惜这大好时光啊！

花开花落不间断，春夏秋冬紧相连

释义 指时间不间断地在流逝，告诫人们要珍惜时间。

例句 "花开花落不间断，春夏秋冬紧相连。"年复一年，时间就这样从我们的指缝间流走。我们要学会珍惜时间，不要等到老的时候再去慨叹人生的短暂。

拣日不如撞日，撞日不如今日

释义 强调既然要办事就要抓紧时间立即去办，不要拖延、等待。

例句 "俗话说，'拣日不如撞日，撞日不如今日'。你们今天就把婚事定下来吧！"媒婆高兴地说。

今日事今日毕，留到明天更着急

释义 当天的事情应该当天做完，拖到以后再做可能来不及了，只会让人更着急。也作：今日事情今日完，留到明天事更繁。

例句 《明日歌》传播范围很广，它就是想告诉我们这样一个道理——"今日事今日毕，留到明天更着急"。

趣味故事

少壮不努力，老大徒伤悲

　　《聊斋志异》中有这样一个故事，广西平乐有个名叫刘赤水的人，他聪明俊秀，可惜父母早逝，从小没人管束他，所以他不愿努力学习。

　　传说，他住的地方在一个废园的旁边，园中住有狐仙。一天，刘赤水在家中偶然碰见了两个在自己床上睡觉的狐仙，便留下了她们的衣服。狐女八仙为讨回衣物，答应把小妹凤仙送给刘赤水做妻子。过了几天，八仙果然派人把喝醉酒的凤仙送来。凤仙酒醒后虽抱怨姐姐，但仍和赤水生活了几年。

　　凤仙不但长得很美，性情也很高傲。她有一个姐姐叫水仙，丈夫很有钱。一次在酒席上，她看见父亲对姐夫格外尊重，凤仙心中不平，不等席散就走了。回家后，她对刘赤水说："你也是个人，难道就不能取得富贵，也让我在人前扬眉吐气吗？从此我不见你了，除非你能出人头地。"说完，给了刘赤水一面镜子，她就不见了。

　　刘赤水看见凤仙背立镜中，约有百步之远。原来，凤仙留下的这面镜子

有个妙处，那就是当刘赤水努力读书时，她就面向外，在镜子中微笑。刘赤水越是努力读书，她的微笑也就越灿烂。刘赤水对学习一松懈，她就在镜中悲泣，并背对外面。

可是关于这面镜子的奥妙还需要刘赤水慢慢地体会。开始，他见妻子在镜子中，便发愤读书，苦读了有一个多月，进步很大。这时镜中凤仙转过身来，盈盈一笑，刘赤水高兴极了，知道凤仙是为他而高兴呢，因此更加用功了。可是又过了几个月，刘赤水懒了起来，出去游玩常忘记及时回来，这时，他再看镜中人，镜中人竟含泪欲泣，第二天又开始背对着他。刘赤水深受震动，从此闭户读书，昼夜不休息，过了不久，镜中的影子又面向外面了。从此刘赤水就用镜子督促自己学习。

两年后，他一举考上了进士。大喜中，他捧着镜子说："凤仙，凤仙，如今我对得起你了！"话还没说完，镜中人不见了，而凤仙的真人则出现在他眼前！

作者蒲松龄说："世情冷暖，对于狐仙也是一样的啊！多少人'少壮不努力'，因而'老大徒伤悲'啊！我愿有无数像凤仙一样的女子来督促丈夫，那么，世上就少了无数到老还一事无成的人了。"

积累卡

与惜时相关的谚语

1.人生一世，草木一秋　2.少年不知勤学苦，老来方悔读书迟　3.无情岁月增中减，莫到白首空悲切　4.花开花落不间断，春夏秋冬紧相连　5.枯木逢春犹再发，人无两度再青春

答案

◆熟能生巧　　　　　　　（勤能补拙　）

◆只怪人不勤　　　　　　（莫怪地不肥）

◆一年之计在于春　　　　（一日之计在于晨）

◆一家之计在于和　　　　（一生之计在于勤）

学习类 谚语

XUEXI LEI YANYU

日出唤醒大地，读书唤醒头脑

释义 太阳出来之后大地上的一切事物都被唤醒了，正如读书能让人思维敏捷，头脑清晰。

例句 自从我专心地阅读课外书以后，真长了不少见识，真所谓"日出唤醒大地，读书唤醒头脑"啊！

读书破万卷，下笔如有神

释义 破：突破，超过。指读书读得多，写文章就好像有神相助一样得心应手，很快就能写出好的文章来。

例句 所谓"读书破万卷，下笔如有神"，也便指的是学习。（茅盾《杂谈思想与技巧、学习与经验》）

读书有三到：心到、眼到、口到

释义 指读书必须要全神贯注，心领神会，才能全面掌握书中知识。

例句 人常说"读书有三到：心到、眼到、口到"，哪一样不到都不行。

读万卷书，行万里路

释义 指做学问要博览群书，这样才能掌握丰富的知识；还要多多实践，这样才能将学到的知识加以运用，并获得新的知识和经验。

例句 古人说："凡操千曲而后晓声，观千剑而后识器。"最好有"读万卷书"的书本知识和"行万里路"的生活知识。（曹靖华《采得百花酿蜜后》）

读书百遍，其义自见

释义 见：即"现"，显露。指书多读几遍，其中的深刻含义就会显露出来了。与"书读百遍，其义自见""书读千遍，其义自见"意义相同。

例句 你多读两遍，就会明白了，正所谓"读书百遍，其义自见"。

读书之贵在怀疑，怀疑才能获教益

释义 指读书不要读死书和死读书，要善于思考，提出疑问，这样才能有所收获，方可获得真才实学。

例句 "读书之贵在怀疑，怀疑才能获教益"，下面请大家就《变色龙》这篇课文提几个问题以加深理解。

读书不解意，等于嚼树皮

释义 指读书如果不动脑筋领会内在的意思，就如同嚼树皮一样，没什么滋味。也作：读书不知意，等于啃树皮。

例句 "读书不解意，等于嚼树皮。"只有边读书边思考，才能把知识变成能力。

好书即良友，须臾不可丢

释义 须臾：很短的时间，片刻。指好书就像良师益友一样，必须时时与之相伴。

例句 我责备妹妹："你怎么把那么多的书都丢弃了？'好书即良友，须臾不可丢'，书会鞭策你、激励你奔向目标，以后不要这样了。"

书要常念，拳要常练

释义 指书必须反复研读才会有所体会，就好像拳术要勤学苦练才能有所成就。

例句 三天没看书，我把早已背熟的文章又忘了，真是"书要常念，拳要常练"哪！

要知天下事，须读古人书

释义 指要通晓人间的事理，就必须多读古籍，从古人那里获取智慧和知识。

例句 中国历史文化博大精深，"要知天下事，须读古人书"，古书会让你学到许多知识。

要通古今事，须看五车书

释义 指要想博古通今，必须饱览群书，这样才会有所突破和超越。

例句 我们的祖国历史源远流长，上下五千年的文化璀璨夺目，难怪大家都说"要通古今事，须看五车书"呢！

书到用时方恨少

释义 方：才。指在实际运用中才发觉书读得太少。强调应多读书，多积累。

例句 "书到用时方恨少"，这已经或将在你们的身上考验。（谢觉哉《不惑集·写给子女的几封家信》）

书山有路勤为径，学海无涯苦作舟

释义 径：道路。意思是学习没有捷径，如果要攀登知识的高峰，就必须勤奋刻苦，不惧艰辛。

例句 现在，还必须脚踏实地用勤奋来弥补这笔和文字的不足。"书山有路勤为径，学海无涯苦作舟。"（峻青《雄关赋》）

知识窗

峻青，原名孙俊卿，生于1922年，山东海阳人，当代作家、画家。著有《黎明的河边》《海啸》《血衣》等小说。

案上不可少书，心中不可少思

释义 意为人不可以不读书，不可以没有自己的思想。

例句 俗语云"案上不可少书，心中不可少思"，只有时时读书，汲取新知识，遇事才不会人云亦云，没有自己的主张。

火不吹不会旺，人不学不会懂

释义 火如果不吹就不会烧得旺，正如人要在不断地学习中懂得道理。也作：火不吹不燃，人不学不懂。

例句 "火不吹不会旺，人不学不会懂。"要想让自己懂得更多，对世界了解得更多，我们必须从小就努力学习，让自己的知识不断丰富和充实。

但知其一，不知其二

释义 对事情只知道一点，不知道全部，或指学习东西一知半解。

例句 根据你的叙述，可知你对这事的来龙去脉是"但知其一，不知其二"了。

勤学好问，不愁不会

释义 只要爱学习、爱提问，就没有什么学不会的。

例句 学问学问，就是要边学边问。"勤学好问，不愁不会"，这话真是一点儿也不假。

骄傲来自浅薄，狂妄出于无知

释义 浅薄的人容易骄傲，无知的人容易狂妄。

例句 "骄傲来自浅薄，狂妄出于无知。"你看那些学通古今、融贯中西的人，哪个不是虚怀若谷？

火要空心，人要虚心

释义 生火时，火堆中心要空，火才能燃烧得旺；人要虚心才能获得更多的知识。

例句 他用火钳在灶孔里弄几下，火就熊熊地燃了起来。他放下火钳得意地对我说："你记住，'火要空心，人要虚心'。"（巴金《我的几个先生》）

骄傲跌在门前，谦虚走遍天下

释义 指骄傲的人很难做成大事，谦虚的人前途远大。

例句 "骄傲跌在门前，谦虚走遍天下"，这只是一次小小的胜利，往后路还长着呢，不要高兴得太早！

满瓶不响，半瓶咣当

释义 比喻真正有学识的人是不声不响的，而那些学识浅薄的人总爱炫耀自己。

例句 中国有句话："满瓶不响，半瓶咣当。"越是才疏学浅的人，越以为自己了不起。

不懂装懂，头脑碰肿

释义 没有知识却装出有知识的样子，必然会在实际生活中处处碰壁。

例句 他明明没学会游泳，还偏要逞强，结果一下去就呛了几口水，真是"不懂装懂，头脑碰肿"。

不怕学不会，只怕不肯钻

释义 指不论什么事，只要潜心钻研，就肯定能学好。

例句 俗话不是说吗？"不怕学不会，只怕不肯钻"。功夫到了，自然熟能生巧，巧能生妙啦！（袁静、孔厥《新儿女英雄续传》）

> **知识窗**
>
> 《新儿女英雄续传》描写的是抗日战争时期，白洋淀人民与日本帝国主义做斗争的故事，歌颂了人民大无畏的革命精神。

不怕学不成，就怕心不诚

释义 指学识不多并不可怕，就怕不诚心诚意地学。

例句 做什么事情都要诚心实意，"不怕学不成，就怕心不诚"。三心二意很难学得真本事。

常读口里顺，常写手不笨

释义 指经常朗读，读起东西来才会顺口；经常书写，写起东西来才顺手。强调要养成常读、常写的好习惯。

例句 "常读口里顺，常写手不笨。"生活中绝大多数技能只要勤加练习，都能灵巧地掌握。

蚂蚁爬树不怕高，有心学习不怕老

释义 比喻立志学习者不在于年龄大小。劝诫人们要活到老、学到老。

例句 我哀叹自己才疏学浅，朋友说："蚂蚁爬树不怕高，有心学习不怕老。"是啊，现在下决心学习也不晚，要知道有的老人还考大学呢！

不学无术目光浅，勤奋好学前程远

释义 不愿意学习，又不愿意提高能力的人，他的眼光就短浅；勤奋读书、好学上进的人，他的前程就光明、远大。

例句 同是一母所生，老大自幼看见书本就头痛，只好回家种地；老二读书如饥似渴，终于考上大学，真是"不学无术目光浅，勤奋好学前程远"哪！

补漏趁天晴，读书趁年轻

释义 屋子漏了要趁天晴时抓紧修补，读书要在年轻时用功。意在告诉我们：做事要抓紧时机，错过了黄金时段就难有成效。

例句 每逢练功，高玉昆总在旁边督促，边指点边唠叨："补漏趁天晴，读书趁年轻；台上一分钟，台下十年功。"

刀不磨要生锈，人不学要落后

释义 指刀如果不磨就会生锈，正如人如果不学习就要落后、退步。

例句 毕业典礼上，老师对全班同学说："你们虽然大学毕业了，但'刀不磨要生锈，人不学要落后'，往后还须继续努力！"

平时不肯学，用时悔不迭

释义 平时不好好学习，到用的时候后悔也来不及了。

例句 他在考场上急得抓耳挠腮，真是"平时不肯学，用时悔不迭"！

一天学会一招，十天学会一套

释义 学习不是一天的工夫就能有效果的，只有平日多积累，才能学到真本领。

例句 俗话说："一天学会一招，十天学会一套。"坚持每天写日记，对提高写作水平有很大的帮助。

吃饭要细嚼，读书要深钻

释义 吃饭要细嚼慢咽，读书要深入钻研。

例句 "吃饭要细嚼，读书要深钻。"同样，做事也要有探索的精神。

刀儿越使越亮，知识越积越多

释义 指刀子越用就越快，知识平日里慢慢积累，就会越来越多。

例句 俗话说："刀儿越使越亮，知识越积越多。"我决定每天背一篇英语短文，相信自己以后也会成为一个"英语通"的。

锻炼不刻苦，纸上画老虎

释义 指只有刻苦努力才能取得较好的成绩。

例句 小明总是不专心写作业，东玩玩，西逛逛，妈妈说他："'锻炼不刻苦，纸上画老虎'，小心考试考砸哟！"

不知问有益，不会学有益

释义 对不懂的事，只有善于询问和学习，才能有所收益。

例句 学习其实很简单，"不知问有益，不会学有益"。只要会问、会学，终有一天你会成为一个有学问的人。

不吃饭则饥，不读书则愚

释义 不吃饭会感到饿，不读书就会变得目光短浅、愚昧无知。告诫人们要努力学习。

例句 "不吃饭则饥，不读书则愚"，现在我们生活水平提高了，更要注重文化水平的提高。

肯问人者聪明，假装懂者愚蠢

释义 遇到不懂的东西，能向他人求教的人最聪明，不懂装懂的人最愚蠢。

例句 "肯问人者聪明，假装懂者愚蠢。"那些不懂装懂的人，欺骗的不是别人，而是自己。

学习如赶路，不能慢一步

释义 指学习要像赶路一样争分夺秒，不能拖延时间。

例句 "假期里，不能盯着电视看个没完没了，'学习如赶路，不能慢一步'，一定不能松懈呀！"老师叮嘱同学们说。

不要千样会，只要一样精

释义 指每样都懂一点儿是不够的，最好能专攻一样，直到精通。

例句 我们的确应该学习各种各样的知识，可更应有所专长。人们常说，"不要千样会，只要一样精"，就是希望我们能成为某一方面的专才。

木不凿不通，人不学不懂

释义 指木头不打凿不能通窍，人不学习不会懂得许多道理。

例句 "木不凿不通，人不学不懂"，这门技术只要认真去学，是很快能学会的！

鼓不打不响，事不做不成，人不学无术

释义 指鼓只有敲打才响，事情要去做才有可能成功，人要通过学习才能掌握技能。

例句 常言道："鼓不打不响，事不做不成，人不学无术。"难道你就眼看着亲侄子小小年纪在外面鬼混吗？

三人同行，必有我师

　　孔子是儒家学派的创始人，他的儒家思想对我国文化具有深远的影响。

　　相传孔子到东方游历时，在荆山下碰到了三个小孩。

　　其中两个小孩在一起玩耍，另一个小孩站得远远的。孔子对此感到非常奇怪，他问站在一边的小孩为什么不去玩耍。那个小孩回答说："激烈的打闹能伤害人命，拉拉扯扯地玩耍会伤害人的身体。退一步说，即使不伤害身体，有时也可能撕破衣服，总之没有任何好处。"

　　后来，又有一个小孩用泥土堆积成一座城，他自己坐在矮矮的围墙里面，眼看孔子的车子要过来，他还不躲避。孔子忍不住问他："你为什么不避让车子呢？"这小孩振振有词

地说："我只听说过车子避城，还没听说过城避车子的。"孔子只得让自己的车子绕过这座"土城"。孔子想："确实不能把这孩子堆的城池当成玩具。我这样想，可孩子不这样想啊。我倡导礼仪，没想到自己却没有做到遵守礼仪，竟然让孩子给问住了。"

后来，孔子觉得小孩的话很有意思，于是又返回来询问小孩的姓名，赞扬小孩说："你虽然年纪不大，但是知道的道理还不少。"这个小孩听到孔子说自己年龄小后，有些不高兴，就反问孔子道："我听说，鱼生下三天，就能在江海中潜游；兔子生下来三天，就能在三亩地的范围内活动；马生下三天，就能跟在母马后面行走；人生下三个月就能认识父母。这些都是天地间的自然现象，有什么大惊小怪的呢？"

孔子十分感慨地对他的学生说："三人同行，必有我师！这孩子虽小，却懂礼仪，可以做我的老师了。"

"三人同行，必有我师。"这句话告诉了我们一个深刻的道理：我们在学习或生活中，每天都要接触很多人，而每个人都有许多优点值得我们学习，他们都可以成为我们的良师益友。

积累卡

与学习相关的谚语

1.处处留心皆学问　2.造烛求明，读书求理　3.火不吹不会旺，人不学不会懂　4.少年不知勤学苦，老来方悔读书迟　5.纸张虽薄不捅不破，人虽聪明不学不懂

答案

管人先管己 —————— 不管不教要变坏

火从小时救 —————— 人从小时教

严是爱，宠是害 —————— 身教胜言教

修身类 谚语

XIUSHEN LEI YANYU

人生百行，孝悌为先

释义 悌：尊敬兄长。人活在世界上，孝顺父母和尊重兄长是最重要的。

例句 老师教导我们，尊老爱幼是中华民族的传统美德，正所谓"人生百行，孝悌为先"。

万恶淫为首，百行孝当先

释义 指在诸多罪恶当中淫乱是罪魁祸首，在诸多行为当中孝顺是第一位的。也作：万恶淫为首，百行孝为先。

例句 "万恶淫为首，百行孝当先。"我们一定要孝顺父母。

喝水不忘掘井人

释义 掘：刨，挖。指享受幸福时，不能忘记那些付出辛勤劳动、为人们造福的人。也作：吃饭不忘种谷人，饮水不忘掘井人。

例句 当初的孤儿现在成了董事长，但他却一直不曾忘记帮助过他的好心人，每年春节都会去探望他们。真是"喝水不忘掘井人"啊！

吃饭不忘田，吃鱼不忘河

释义 不要忘了吃的粮食来源于庄稼地，吃的鱼肉是从河里得来的。告诫人们，不要忘本，要饮水思源。也作：吃饭不忘种谷人，饮水不忘掘井人。

例句 "吃饭不忘田，吃鱼不忘河。"做人要饮水思源，常怀感恩之心。

仙丹难治没良心

释义 人的品行若坏了，即使是可以起死回生的仙丹也没法治。

例句 正所谓"仙丹难治没良心"，对于社会上那些不孝顺老人的人，我们感到痛心又无奈。

知识窗

仙丹，神话中认为吃了可以起死回生或长生不老的灵丹妙药。

但得一片橘皮吃，便莫忘了洞庭湖

释义 受到人家的一点儿恩惠，不能轻易忘记。

例句 "但得一片橘皮吃，便莫忘了洞庭湖。"受人恩惠应当心怀感恩之心。

你帮别人应忘掉，别人帮你要记牢

释义 如果做了帮助别人的事，应当忘掉，不要希望得到回报；如果得到了别人的帮助，要牢牢记在心里，俟机报答。

例句 "你帮别人应忘掉，别人帮你要记牢"，所以我们要怀着一颗感恩的心。

礼到暖人心，礼缺讨人嫌

释义 如果时时对人有礼貌，别人心里会很感激的；如果礼数不周到，别人会不高兴的。也作：礼到人心暖，无礼讨人嫌 | 礼到人心温，无礼讨

人嫌。

例句 奶奶经常告诫我们："'礼到暖人心，礼缺讨人嫌。'一定要做一个懂礼貌的好孩子。"

病愈莫忘良医，过山莫忘坐骑

释义 告诫人们要铭记别人对自己的帮助。

例句 人无论到什么时候都不能忘本，"病愈莫忘良医，过山莫忘坐骑"。受了别人的恩惠，就要想办法报答。

让礼一寸，得礼一尺

释义 指对人讲礼貌，别人就会对你加倍尊重。

例句 他向来认为"让礼一寸，得礼一尺"有道理，因此行事谦和谨慎。

以钱赠人，不如以礼待人

释义 赠送别人钱币，不如礼貌地对待别人。

例句 世界上许多事都不是金钱能够解决的，"以钱赠人，不如以礼待人"。

恭可释怒，让可息争

释义 恭敬的态度可以消解对方的愤怒，谦让可以平息相互间的争执。也作：恭可息人怒，让可息人争｜恭可平人怨，让可息人争。

例句 "常言道，'恭可释怒，让可息争'。孔融七岁就懂得让梨，你们这么大了还要为一个座位争个不休吗？"老师严厉地说。

饭要让着吃，活要抢着干

释义 吃饭的时候应互相谦让，但是工作时要争先恐后。

例句 你谨记"饭要让着吃，活要抢着干"，这样才能更快更好地融入新环境。

仁为万善本，贪是诸恶源

释义 仁是善良的根本，贪是罪恶的源头。

例句 常言道，"仁为万善本，贪是诸恶源"。他在法庭上表示，自己因一时心生贪念，才最终走上犯罪的道路，请求法庭给他改过自新的机会。

将军额上跑下马，宰相肚里好撑船

释义 比喻人宽宏大量，能够容人。也作：宰相肚里能撑船 | 将军额上堪跑马，宰相肚里能撑船 | 将军额上跑下马，宰相肚里撑得船。

例句 常言说："将军额上跑下马，宰相肚里好撑船。"你气量这样狭窄，如何统帅百万大军？

得罢手时须罢手，得饶人处且饶人

释义 罢手：放手。且：姑且，暂且。须放手时不要抓住不放，能饶恕别人的地方就尽量饶恕别人。指待人要怀着一颗宽厚的心，不要苛求。也作：得让人处且让人，得宽容处且宽容 | 得放手时须放手，可饶人处且饶人。

例句 "得罢手时须罢手，得饶人处且饶人。"我们应当常怀宽容之心。

老不与少争

释义 意为年老者应有宽容的胸怀，不应与年少者争论。

例句 虽然李奶奶的观点是正确的，但小强仍公开批驳了李奶奶的说法，不过"老不与少争"，李奶奶听到后并没有责备他，这让小强感到很羞愧。

饶人不是痴，痴汉不饶人

释义 在与人交往的时候要学会宽恕别人的错误，这样才是一个聪明人的做法。也作：饶人不是痴呆汉，痴呆汉子不饶人。

例句 她迟迟不肯接受朋友道歉，妈妈劝她说："'饶人不是痴，痴汉不饶人。'对朋友，要学会宽容和原谅。"

泰山不让土，故能成其大

释义 雄伟的泰山不拒绝微小的尘土，日积月累，终成巍峨的高山。喻指谦虚宽容的品格才是成功的保证。

例句 公司要发展就要广纳贤才，广开言路。正所谓"泰山不让土，故能成其大"，包容开放，能够助力企业发展。

茄子也让三分老

释义 对老人应该尊敬、谦让。

例句 "常言道，'茄子也让三分老'。他毕竟是单位的元老，你总要给他些面子。"主任苦口婆心地对他说。

退一步风平浪静，让一分海阔天空

释义 喻指遇到纠纷主动采取谦让的态度，纷争就会平息，双方的合作才会有更大的空间。

例句 年轻人不要争强斗气，"退一步风平浪静，让一分海阔天空"。大家各让一步，事情就能顺利解决。

一日省一口，三年凑成几百斗

释义 斗：容量单位，10升等于1斗。指每天节约一点儿粮食，时间久了，数量也很可观。

例句 爷爷瞅着饭桌上剩下的白花花的米饭，意味深长地说："俗话说'一日省一口，三年凑成几百斗'，长此以往，将有多少粮食被浪费，你们想过吗？"

一日节省一根线，三月就能把牛拴

释义 指每日节约得虽少，但日积月累，就能积少成多。

例句 哥哥、姐姐上学花费越来越多，父母常说："'一日节省一根线，三月就能把牛拴'，只要我们大家省吃俭用一阵子，一定能供他们上完大学。"

冬不节约春要愁，夏不劳动秋无收

释义 强调平日要注重勤俭节约，只有付出艰辛的劳动才可以品味丰收的喜悦。

例句 别玩游戏了，再过一个月就中考了，"冬不节约春要愁，夏不劳动秋无收"，当心落榜啊！

厚积不如薄取，滥求不如减用

释义 告诫人们，要节约，不可浪费。

例句 在自然资源逐渐匮乏的今天，我们一定要牢记"厚积不如薄取，滥求不如减用"，只有这样，才能为我们的子孙后代留下生存的资源。

要学细水长流，莫学暴洪满山

释义 暴洪：暴发的山洪，来势很大，去得也很快。比喻在勤俭节约方面不要忽冷忽热，要坚持不懈。

例句 "要学细水长流，莫学暴洪满山"，在勤俭节约方面大家一定要有持之以恒的决心，不能光凭三分钟热度。

节约就是大收成

释义 收成：指庄稼、蔬菜、果品等收获的成绩。指平时节俭数量虽小，但日积月累，数量也会很大，就好比是大收成。

例句 随手关灯省下的电虽少，但"节约就是大收成"，时间一长能省下不少电哩！

大吃大喝一时香，细水长流日子长

释义 指居家过日子不要只顾眼前，肆意浪费，而要懂得勤俭节约。

例句 邻居家里一有钱就大鱼大肉地浪费，没钱的时候便吃糠咽菜，看来，他们不知"大吃大喝一时香，细水长流日子长"的道理。

新三年，旧三年，缝缝补补又三年

释义 一件衣服要穿很多年，形容穿着极度俭朴。

例句 穷人过日子，要会打算。哪个庄稼人穿衣裳不是"新三年，旧三年，缝缝补补又三年"？

当用花万金不惜，不当用一文不费

释义 指该花钱时花多少钱也不吝惜，不该花的时候一分钱也不能浪费。

例句 二婶平时省吃俭用，从不乱花钱，有人因此说她很小气，但实际上她是"当用花万金不惜，不当用一文不费"，汶川地震时，她向灾区捐赠了10万元。

囊中未空先节约

释义 囊：口袋。指生活宽裕时也要重视节俭。

例句 我们过日子一定要懂得"囊中未空先节约"，否则万一遇到困难，一点儿积蓄也没有，怎么办呢？

年年有储存，荒年不愁人

释义 指平时注意节俭，积攒钱粮，遇到灾荒的年头就不愁吃穿。也作：年年有储存，荒年不慌人 | 年年有储蓄，荒年不慌人。

例句 奶奶看不惯爸爸乱花钱的行为，总是教育他"年年有储存，荒年不愁人"，让他平时省着点儿。

不为五斗米折腰

陶渊明是东晋时期著名的文学家，他是名人之后，曾祖父是赫赫有名的东晋大司马。年轻时的陶渊明本有"大济于苍生"之志，可是，在国家濒临崩溃的动乱年月里，陶渊明的一腔抱负根本无法实现。加之他性格耿直，清明廉正，不愿卑躬屈膝攀附权贵，因而和污浊黑暗的现实社会发生了尖锐的矛盾，并与之格格不入。

为了生存，陶渊明最初做过州里的小官，可由于看不惯官场上的那一套恶劣作风，不久便辞官回家了。后来，为了生活他还陆续做过一些地位不高的官职，过着时隐时仕的生活。

那一年，已过"不惑之年"的陶渊明在朋友的劝说下，再次出任彭泽县令。彭泽是个小地方，所以陶渊明每个月的俸禄只有五斗米。生活虽然很苦，但他并不在乎，一心想为老百姓多做点儿好事。在他刚刚上任两个月的时候，有一天，县里的小官跑来报告："太守派督邮（官名）来我们这儿巡察，您赶快换上官服去迎接他吧！"

30

陶渊明正直豪爽，最恨拍马屁那一套，很不耐烦地说："巡察就巡察，干什么还要迎接？"小官连忙向他解释："大人您不知道，这位督邮老爷是专门来检查各县官员的过失的，他又是太守的亲信，得罪不得。他最喜欢讲排场，如果接待得稍微有一点儿不周到，他就会不高兴。您刚到我们这儿来，不好好招待他，恐怕对您没什么好处！"

陶渊明听了非常生气，他气愤地说："我最讨厌这种讲排场的人，我不能为了区区五斗米就低声下气地向他弯腰低头，失去人格！"说完，他当天就交出官印，摘下乌纱帽，直接回家去了。

此后，他一面读书为文，一面参加农业劳动。后来由于农田不断受灾，房屋又被火烧，家境越来越贫困。但他始终不愿再为官受禄，甚至连江州刺史送来的米和肉也坚拒不受。朝廷曾征召他任著作郎，也被他拒绝了。

陶渊明是在贫病交加中离开人世的。他原本可以活得舒适些，至少衣食不愁，但那要以付出人格和气节为代价。陶渊明因"不为五斗米折腰"而获得了心灵的自由，获得了尊严，写出了流传百世的诗文。在为后人留下宝贵文学财富的同时，也留下了弥足珍贵的精神财富。他因"不为五斗米折腰"的高风亮节，成为中国有志之士的修身楷模。

积累卡

与修身相关的谚语

1.拾金不昧，于心无愧 2.英雄流血不流泪 3.有理让三分 4.受人滴水之恩，必当涌泉相报

立志类 谚语

LIZHI LEI YANYU

胸有凌云志，无高不可攀

释义 比喻人只要心中有理想，就没有做不成的事。

例句 一个人应从小立下志愿，常言道："胸有凌云志，无高不可攀。"只要朝着目标不断奋斗，就一定会取得成功。

万丈高楼平地起，有志何怕出身低

释义 不论建多高的楼房，都得从打地基开始；有远大志向的人不怕出身卑微。告诉人们，要想办大事必须扎扎实实地从基础做起。

例句 "万丈高楼平地起，有志何怕出身低。"功成名就固然诱人，但若不稳扎稳打，成功终将是海市蜃楼。

知识窗

海市蜃楼是一种因光的折射和反射而形成的自然现象。它也简称蜃景，是地球上物体反射的光经大气折射而形成的虚像。

有心大海能捞针，无心小事也难成

释义 指有理想、有志气的人，无论遇到多难办的事也不会畏缩；没有志气的人连一件小事也办不成。

例句 凡事只要用心去做，肯定会成功，"有心大海能捞针，无心小事也难成"！切勿整日游荡，虚度光阴。

好马不吃回头草，好蜂不采落地花

释义 比喻有志气的人，一旦拿定主意，就会朝着既定目标前进而绝不会回头。

例句 常言道，"好马不吃回头草，好蜂不采落地花"。既然已经离开了那里就不要再回去了，开始新的工作也许能使你的生活状况变得更好。

草若无根不发芽，人若无志不奋发

释义 指草没有根难以发芽，人如果没有志向就会无所事事，难以奋发图强。

例句 为了考大学，他不知吃了多少苦，受了多少累，尝尽了世间的酸甜苦辣，真是"草若无根不发芽，人若无志不奋发"。

得志一条龙，失志一条虫

释义 指人有了志向，就像一条大展宏图的巨龙；如果没有志向，就是一条可怜的虫子。也指小人得志时龙腾虎跃，而一旦失意就灰心丧气、萎靡不振。

例句 俗话说："得志一条龙，失志一条虫。"自从上级下达了命令，王部长就整日雄心勃勃，干劲十足。

鸟无翅膀不能飞，人无志气无作为

释义 提示人们要想有所作为就必须树立远大的理想，就像鸟儿要飞翔就需要翅膀一样。也作：鸟无羽翼不能飞，人无理想无作为。

例句 我们从小就要树立远大志向。"鸟无翅膀不能飞，人无志气无作为",古今中外凡是有所成就的人无不先从树立志向开始。

钢铁怕火炼,困难怕志坚

释义 烈火可以将钢铁熔化,而坚强的意志可以克服任何困难。

知识窗

把炼钢用生铁放到炼钢炉内按一定工艺熔炼,即得到钢。钢的产品有钢锭、连铸坯和直接铸成的各种钢铸件等。

例句 "钢铁怕火炼,困难怕志坚",自古以来,无数困难都在人们坚强的意志面前低下了头。

海边岩石坚,不怕浪来颠

释义 比喻有坚定志向的人,不畏惧眼前的大风浪。

例句 "海边岩石坚,不怕浪来颠",当时很多共产党员为了革命事业,都视死如归。

虎瘦雄心在,人穷志不衰

释义 指老虎虽瘦,但雄心仍在;人虽贫穷,但壮志不衰。

例句 你竟敢因我穷就嘲笑我没出息!常言道:"虎瘦雄心在,人穷志不衰。"我看你是看错人了。

立志而无恒,终究事无成

释义 恒:恒心,长久不变的意志。终究:毕竟,终归。指人虽然有远大的志向,但是却没有持之以恒的决心,终究不能成就大业。

例句 小吴啊,你可要知道,"立志而无恒,终究事无成"。你刚学了三个月修车，怎么又想起学烹饪了？

人凭志气虎凭威

释义 凭：凭借。比喻人要想成大事就要有远大的志向，就像老虎要想称王就要有虎威一样。

例句 周铁杉焦急地看了章易之一眼，说："'人凭志气虎凭威。'老章，我呀，跟你说……咱们不能忘了裕明别墅那天早上，勃拉克临走时，直着脖子喊：离开'美孚'，你们只是一片黑暗。这口气，憋了十年了！这口气非争不可！"（张天民《创业》）

少无志气，老无出息

释义 指年轻的时候如果没有志气，到老就难成大事。

例句 "少无志气，老无出息"，这孩子从小就好吃懒做，胸无大志，长大后怎么能有大作为呢？

无志者千难万难，有志者千方百计

释义 指没有志气的人做什么事都觉得难，有志气的人干什么事都绞尽脑汁，想方设法。

例句 王业务员为了推销产品想了许多点子，而李业务员整天抱怨工作不好干，真是"无志者千难万难，有志者千方百计"。

人有志气铁有钢

释义 指人有了志气就会如钢铁一般刚强有力。

例句 同样是落榜生，为什么人家张薇能自己打拼出一个新天地，你却一事无成？"人有志气铁有钢"，成败的关键在于自己是否能立志去拼搏。

人穷志不穷

释义 强调在物质上贫穷的人们有志气。

例句 北宋时期的范仲淹小时候家里非常穷苦，但他却"人穷志不穷"，整日发愤读书，最终成为国家的栋梁之材。

> **知识窗**
>
> 范仲淹，北宋著名的政治家、思想家、军事家、文学家、教育家，世称"范文正公"。

冻死不烤灯头火，饿死不吃猫剩食

释义 比喻做人要有志气，即使面临绝境，也不靠别人的同情和施舍过日子。

例句 你馋啦？告诉你，"冻死不烤灯头火，饿死不吃猫剩食"！你怎么就没有一点儿骨气呢？我看着都生气！

不怕路远，就怕志短

释义 不怕路途遥远，就怕没有走下去的决心与勇气。强调成败的关键在于人是否有志气。

例句 这次任务相当艰巨，"不怕路远，就怕志短"，我担心你们打退堂鼓。

立志容易，做事难

释义 指立下志向并不难，把志向落实到具体的行动中，并坚持下去，就不那么容易了。

例句 常言道："立志容易，做事难。"如果没有持之以恒的决心，立再远大的志向，也难以实现。

人有志，竹有节

释义 指做人要有志向，就像竹子一样刚直、有气节。

例句 "人有志，竹有节。"我们每个人都应有志向，有抱负，有追求。

无志之人常立志，有志之人立长志

释义 长志：长远的志向。指缺乏雄心壮志的人经常立志，真正有大志向的人却为自己制定长远的目标。

例句 正像俗话说的："无志之人常立志，有志之人立长志。"他下过多少决心，立过多少誓言，总是过不了三天就冷下去了。

人穷志不短，虎老雄心在

释义 人即使家境贫寒依然很有志气；老虎即使已经老了，也仍然很有雄心。也作：人穷志不穷。

例句 俗话说，"人穷志不短，虎老雄心在"。我们董事长虽然出身寒门，但他自小就有雄心壮志。他靠着自己的不懈努力，一步步地创造了现在的辉煌。

苦心人，天不负；有志者，事竟成

释义 比喻只要有志气，肯下功夫，想办的事情总能办成。

例句 "苦心人，天不负；有志者，事竟成。"越王勾践之所以能成为春秋霸主，就是因为他志向远大，敢于吃苦。

穷当益坚，老当益壮

释义 人穷困时，意志应当更加坚强；年纪大了，志气应当更加豪壮。

例句 "古人讲求'穷当益坚，老当益壮'。你怎么越穷越没志气，年龄越大胆子越小了？"他显然十分失望。

菜无心必死，人无心必亡

释义 蔬菜如果没有菜心儿，就会死；人如果没有心，就会亡。比喻人如果没有志向，事业就不会得到充分的发展。

例句 "菜无心必死，人无心必亡。"人拥有志向才能不断前进。

树怕烂根，人怕无志

释义 根烂了，树就难指望成材；人没有远大志向，也一样没有前途。

例句 "树怕烂根，人怕无志。"人如果没有远大的志向往往难成大器。

好儿不争家产，好女不争嫁衣

释义 有志气的男子不会去争抢家产，有志气的女子不会去争嫁衣的好坏。也作：好儿不争祖上产，好女不争嫁时衣。

例句 常言道："好儿不争家产，好女不争嫁衣。"作为子女，不能一直守着父母的财产，应该凭着自己的努力去创造财富。

人各有志，不必强求

释义 每个人都有自己的志向和兴趣，不能强求他改变什么。也作：士各有志，不可相强。

例句 很多家长为了孩子就业着想，要求孩子填报他们自己并不喜欢的志愿，却常常忽略了"人各有志，不必强求"的道理，从而剥夺了孩子的选择权。

船的力量在帆上，人的力量在心上

释义 指船前进靠帆的作用；人做事的劲头来源于人的决心。

例句 "船的力量在帆上，人的力量在心上。"积极的心态是成功的一半。

天下无不可为之事，只怕立志不坚

释义 世上没有办不到的事情，关键是要意志顽强。也作：天下无不可为之事，只怕意志不够坚定 | 天下无不可为之事，只怕意志不坚；天下无不可化之人，但恐诚心未至。

例句 "天下无不可为之事，只怕立志不坚。"你现在遇到困难，挺挺就过去了，切不可轻言放弃。

有志不在年高，无志空长百岁

　　甘罗，战国时楚国人，著名大臣甘茂之孙。甘罗从小聪明过人，能言善辩，是著名的少年政治家。他小小年纪就拜在秦国丞相吕不韦门下，做其门客。

　　有一天，吕不韦回到家里，脸色非常难看。甘罗见状，就走上前问道："丞相您有什么心事吗？"

　　吕不韦见是甘罗，就挥挥手说："走开，走开，小孩子知道什么！"

　　甘罗高声说道："丞相收养门客，不就是为了让我们替您排忧解难吗？现在您有了心事却不告诉我，我即便想要帮忙，也没有机会啊！"

　　吕不韦见甘罗挺自信的样子，便说："秦王派纲成君蔡泽到燕国为相，已经三年了，燕王对他很满意，便派太子丹到秦国做人质，表示友好。如今我要派张唐到燕国为相，可是他却借故推辞不去。"

　　事情原来是这样的：张

唐是秦国的一位大臣，他曾率军攻打赵国并占领了大片的土地，赵王对他恨之入骨，声称如果有人杀死张唐，就赏赐给他百里之地。张唐这次出使燕国必须经过赵国，所以他推辞不去。

甘罗听了，微微笑道："原来是这样一件小事，丞相何不让我去劝劝他？"吕不韦责备他："小孩子不要口出狂言，我自己请他他还不去，何况你小小年纪！"甘罗听了不服气地说："我听说项橐七岁的时候就被孔子尊为老师，我现在比项橐还大五岁，您为何不让我去试试？如果不成功的话，您再责备我也不迟啊！"吕不韦见他语气坚定、神气凛然，不由得暗自赞赏，于是就改变了态度，放缓了口气说："好，那你就去试试吧！事成之后，必有重赏。"甘罗见他答应了，也就没多说什么，高高兴兴地走了。

甘罗自告奋勇前去说服张唐。他分析了张唐现在的处境，指出他如果不去的话可能导致的后果。张唐听后吓出了一身冷汗，连忙说愿意前往。后来，甘罗又出使赵国，没动一兵一卒就让赵国交出了五座城池，同时还笼络了赵国，达到了秦国的目的。秦国为了奖赏甘罗，就封他为上卿，赏赐了许多田宅。当时，甘罗只有12岁。

"有志不在年高，无志空长百岁"这句话告诉我们：人无论年纪大小，都可以立志有所作为；如果没有志气、没有作为，即使活到百岁也是白活。

积累卡

与立志相关的谚语

1.从小不立志，到老不成事 2.草有根，人有心 3.年怕中秋月怕半，男儿立志在少年 4.甘言夺志，糖食坏齿

生活类 谚语

SHENGHUO LEI YANYU

锄头一响，不愁吃穿

释义 勤锄地可以使庄稼长得好，这样全家人的吃穿就不用愁了，指出了劳动创造财富的道理。

例句 "锄头一响，不愁吃穿。"勤劳的双手可以帮我们创造富足的生活。

冬忌生鱼，夏忌狗肉

释义 冬天寒冷不要吃性凉的生鱼，夏天炎热不要吃性暖的狗肉，否则对身体有害。

例句 "冬忌生鱼，夏忌狗肉。"大冬天的，就不要去吃生鱼片了，我们换别家饭馆吃吧！

饭食要吃暖，衣服要穿宽

释义 指吃饭要吃热的，衣服要穿宽松一点儿的，这样才有益身体健康。

例句 "饭食要吃暖，衣服要穿宽"，这也是一种养生之道。

一带当三衣

释义 指腰上系根带子，使身体的热量散失减缓，等于加上三件单衣。

例句 我看上这件大衣完全是因为它有一条既漂亮又实用的腰带，俗话说"一带当三衣"，冬天穿起来一定很暖和。

衣贵洁，不贵华

释义 华：华丽。指穿衣要整洁，而不在于它是否华丽。

例句 我上学时总要与同学比谁的衣服高档、漂亮，老师经常语重心长地教导我："'衣贵洁，不贵华'，心灵美才是真的美。"

大葱蘸酱，越吃越胖

释义 指葱有杀菌作用且刺激食欲，黄豆酱富含蛋白质、脂肪，吃了对身体有好处。

例句 葱可杀毒，更能刺激食欲，所以"大葱蘸酱，越吃越胖"。

冬吃萝卜夏吃姜，不劳医生开药方

释义 冬天常吃萝卜可以理气通便，夏天常吃姜对身体有好处。也作：冬吃萝卜夏吃姜，不用医生开处方｜冬吃萝卜夏吃姜，小病小灾一扫光。

例句 "冬吃萝卜夏吃姜，不劳医生开药方。"有益身体的食物也要按季节来吃。

知识窗

姜，姜科姜属植物，也称"生姜"；开有黄色花并有带刺激性香味的根茎。根茎鲜品或干品可以作为调味品。姜经过炮制可以作为中药的药材。姜有清热解毒的功效，是人们日常烹饪常用作料之一。

豆腐配海带，常吃除病害

释义 豆腐和海带一起吃，有利于身体健康。

例句 "豆腐配海带，常吃除病害。"这不阿姨刚做好豆腐海带汤，你快来尝尝。

穿衣戴帽，各有所好

释义 指每个人的爱好和审美观点都不一样。

例句 "穿衣戴帽，各有所好。"有人爱钓鱼，有人爱下棋。（冯蜂鸣《团圆酒》）

衣不差寸，鞋不差分

释义 寸：旧制长度单位，十分等于一寸。指衣服的长短肥瘦不能有一寸之差，否则就会不合身；鞋子的大小不能有一分之差，否则就会不合脚。

例句 "衣不差寸，鞋不差分"，既然试着不大合适，就不要买了，我们再逛逛吧！

吃药忌嘴，不喝凉水

释义 不能就着凉水吃药。

例句 "吃药忌嘴，不喝凉水。"你现在用冷水服药对疾病的治疗没好处。

一生身体强，烟酒不要尝

释义 人们要想保持身体健康，就不要抽烟喝酒，一旦沾染上抽烟喝酒的习惯，就会伤害身体。

例句 "一生身体强，烟酒不要尝"，亲爱的朋友啊，请你赶紧戒掉抽烟、喝酒的坏习惯吧！

戒酒戒头一盅，戒烟戒头一口

释义 盅：没有把儿的杯子。指要想戒绝烟酒，关键在于第一次，只要坚持控制自己，就可以成功。也比喻万事开头难。

例句 虽说"戒酒戒头一盅，戒烟戒头一口"，但更重要的是有持之以恒的决心啊！

好茶一杯，精神百倍

释义 茶中含有能使人兴奋的物质，因而喝一杯好茶会使人精神振奋。

例句 我又犯困了，赶紧喝了一杯龙井茶，顿时感觉头脑清醒了，真是"好茶一杯，精神百倍"。

吃萝卜，喝热茶，大夫改行拿钉耙

释义 指常吃萝卜、常喝热茶有益于身体健康。

例句 小弟看着一盘炒萝卜丝皱眉头，妈妈说："'吃萝卜，喝热茶，大夫改行拿钉耙。'天天吃肉会导致营养失衡，萝卜中含有多种维生素，快吃吧！"

茶水喝足，百病可除

释义 茶水中含有多种对人体健康有益的物质，多喝茶可以预防癌症、高血压等疾病，所以说经常喝茶可以除"百病"。

例句 "茶水喝足，百病可除"，老年人应多喝茶水，以延年益寿。

蔬菜是一宝，赛过灵芝草

释义 指多吃蔬菜有益身体健康。

例句 小孩子应该多吃各种有营养的蔬菜，"蔬菜是一宝，赛过灵芝草"嘛！

心急吃不了热豆腐

释义 比喻人做事过于急躁，反而导致事情办不好，达不到预期目的。

例句 主任对小李说道："这件事，你从中吸取教训吧，'心急吃不了热豆腐'啊！"

抱着蜜糖罐，忘了黄连苦

释义 黄连：根状茎含小檗碱、黄连碱，味极苦，可做药。比喻人一过上甜蜜的生活，就忘记了过去艰苦的生活。一般用来批评那些发迹后忘本的人。

例句 你真是"抱着蜜糖罐，忘了黄连苦"。想当初他是怎样欺辱你的？现在他见你有用了，给你点儿好处，你就忘乎所以了！

包子有肉不在褶上

释义 褶：捏合包子时上面形成的褶皱。包子以肉、菜或糖做馅儿，收口时有褶，但是包子馅儿的好坏、肉多肉少，不表现在褶上。比喻一个人有没有学问、才能以及财富，不表现在外表上。

例句 别看他一副穷酸样，其实家里可有钱了，这就叫作"包子有肉不在褶上"。

囫囵茄子不进油盐

释义 囫囵：整个儿，全部。茄子皮质地紧密又较厚，油盐不易进去。

比喻性格倔强的人什么话也听不进去。

例句 这孩子脾气一来简直就是"囫囵茄子不进油盐",谁的话都听不进去。

三分吃药，七分调理

释义 治疗疾病时，更重要的在于调养身体。

例句 你是带病之身，不要熬夜了，"三分吃药，七分调理"，一定要注意生活小节。

夜饭少吃口，活到九十九

释义 晚饭要少吃，才有益于健康。

例句 俗话说"夜饭少吃口，活到九十九"，每天晚上千万别吃太饱，否则有损健康。

天天吃醋，年年无灾

释义 醋有预防疾病的功效，每天喝一点儿有益于身体健康。

例句 我每天吃醋是有原因的，常言道"天天吃醋，年年无灾"，我是为我的健康着想。

知识窗

传说醋是古代酿酒大师杜康的儿子黑塔发明的。黑塔学会酿酒技术后，觉得酒糟扔掉可惜，由此不经意中酿成了"醋"。

吃得慌，咽得忙，伤了胃口伤了肠

释义 狼吞虎咽地吃东西，食物不容易被消化吸收，人也就容易患肠胃方面的疾病。也作：狼吞虎咽伤胃肠。

例句 看着弟弟狼吞虎咽的样子，父亲说："'吃得慌，咽得忙，伤了胃口伤了肠。'吃饭要细嚼慢咽，也没人跟你抢，急啥？"

不干不净，吃了生病

释义 吃了不干净的东西容易生病。强调在日常生活中应注意饮食卫生。

例句 二小子正要把刚买回来的桃子往嘴里送，小军大喊："'不干不净，吃了生病。'快拿来我给你洗一下吧！"

百治不如一防

释义 百治：多次治疗。一防：指一次预防。劝人们在日常生活中应注重预防疾病的侵害。

例句 "百治不如一防"，入冬啦，大家一定要多穿衣服，以防感冒。

一夜无眠，九夜睡不尽

释义 一个晚上不休息，会影响很多天的睡眠。强调作息要有规律。

例句 前一段时间，我为了赶工作进度，熬了两夜，这几天每天睡九个小时还是困。真是"一夜无眠，九夜睡不尽"。

瞌睡没根，越睡越深

释义 告诫人们，尽管睡眠是人体所必需的，但也不能嗜睡成性。

例句 "'瞌睡没根，越睡越深。'你越是爱睡懒觉，就越起不来床，这是恶性循环，懂不？"她对舍友说。

吃饭少一口，睡觉不蒙首

释义 吃饭不要吃得太饱，睡觉的时候不要用被子蒙头。

例句 "吃饭少一口，睡觉不蒙首。"很多生活常识都是由古人的经验累积而来的。

骑马坐轿，不如扳倒睡觉

释义 人劳累困乏时，睡觉最舒服。

例句 常言道，"骑马坐轿，不如扳倒睡觉"。他现在累得不行了，就想找张舒服的大床美美地睡上一觉。

不起早，病来找

释义 指没有良好的生活规律，身体就容易生病。

例句 古代人都是按照自然的规律作息的，认为"不起早，病来找"。看来，早睡早起对身体健康很重要。

不要饥极而食，不要渴极而饮

释义 不要在十分饥饿的时候吃饭，也不要在非常口渴的时候饮水，否则会对身体有害。

例句 我们要注意保养自己的胃，不能暴饮暴食，也不要饥极而食，不要渴极而饮。

天天吃醋，年年无灾

醋，是我国山西省的特产之一，也是我们中国人厨房里必备的调味品之一。醋有抗菌、解酒、美容、延缓衰老、防治感冒、健胃与防治腹泻、降胆固醇、降低高血压、防治肝病、抗癌等作用，可以说，"天天吃醋，年年无灾"。

关于醋的名字，有这样一个故事：

传说古时候，在山西运城，有个人叫杜康，他发明了酒。他的儿子黑塔也跟杜康学会了酿酒技术。后来，黑塔经常把酿酒剩下的酒渣储存起来喂马。一次，黑塔把马没吃完的酒渣倒进大缸里，加了些水，然后盖上了盖子，准备以后再喂马。因为快过年了，要忙的事很多，他很快就忘了这缸酒渣。

过了半个多月，一天夜里，黑塔做了一个梦，他梦见一位白胡子老神仙向自己要调味品。他说："对不起，我没有调味品啊！"老神仙指指那缸酒渣说："那不就是调味品吗？到明天酉时就可以吃了，已经泡了二十天啦！"

黑塔觉得这个梦很奇怪，就在第二天黄昏时打开了缸盖。就在他揭开缸盖的一瞬间，一股浓烈的酸味扑鼻而来！而酒渣缸里的水已经变得黄黄的了。家里人对他说："好酸啊！不能要了，快扔掉吧！"黑塔却大着胆子尝了尝那黄水，黄水酸溜溜的，味道还不错。到了除夕，全家人一起吃饺子的时候，他给每人都倒了点黄水，让大家品尝。一家人一边吃一边赞叹道："味道真好啊！"

人有姓，物有名，黄水成了调味品，黑塔就想给它取个名字，他想起了梦里老神仙说过的话，所以他就用"二十一日酉"这几个字组成了"醋"字。

就这样，醋流传至今，山西也就成了醋最有名的产地。我国是世界上谷物酿醋最早的国家。

我国著名的醋有"神秘湘西"原香醋、山西老陈醋、镇江香醋、独流老醋、保宁醋及红曲米醋。现用食醋主要有"米醋""熏醋""特醋""糖醋""酒醋""白醋"等。根据产地品种的不同，食醋中所含醋酸的量也不同，一般大概在5~8%之间，食醋的酸味强度的高低主要是其中所含醋酸量的大小所决定。例如山西老陈醋的酸味较浓，而镇江香醋的酸味酸中带柔，酸而不烈。

后来，人们在生活实践中，发现醋的功效很多，渐渐地，"天天吃醋，年年无灾"的谚语也就这样流传了下来。

【游戏室】

谚语连线

勤穿勤脱　　　　　　　病好自安

少吃多餐　　　　　　　强似吃药

不觅仙丹　　　　　　　食补不如动骨强

药补不如食补好　　　　觅睡方

（答案见正文第61页）

家庭类 谚语

JIATING LEI YANYU

家家都有一本难念的经

释义 指每个家庭都有各自的难处，只是程度不同而已。

例句 "家家都有一本难念的经。"哭声，又是谁家的哭声，随着秋风，伴着败叶，悲悲戚戚地传来。

家和万事兴

释义 指一家人和和气气，家业自然会兴盛。

例句 大凡一家人家，过日子，总得要和和气气。从来说："家和万事兴。"（吴趼人《二十年目睹之怪现状》八七回）

家不和，被人欺

释义 指家庭内部不和睦，家庭成员便会受到外人的欺负、凌辱。

例句 古语说："家不和，被人欺。"我俩应是同舟共济。（陈登科《淮河边上的儿女》）

知子莫若母

释义 最了解子女的人是母亲。

例句 "知子莫若母"，老七的形迹，你老人家也未尝不看了一些出来。

（张恨水《金粉世家》）

最亲莫过母子，最爱莫如夫妻

释义 指母子是天底下最亲的，夫妻是天下间最恩爱的。

例句 "最亲莫过母子，最爱莫如夫妻。"小夫妻之间的争吵是常有的事情，没必要非得闹离婚。

孩子嘴里讨实话

释义 指孩子不会说谎话，可以从孩子的话里知道真实情况。也作：孩子嘴里无瞎话。

例句 "孩子嘴里讨实话。"有时候，童言最能告诉我们事情的真相。

兄弟如同手足

释义 两兄弟就像手和脚一样是分不开的。形容兄弟间感情特别亲密融洽。

例句 "兄弟如同手足"，兄弟间互敬互爱，家庭才能和睦幸福。

当家才知柴米价，养子方晓父母恩

释义 没有亲自持家，不知道生活的艰辛；只有自己生养了子女，才能体会父母对子女的恩情。比喻凡事自己只有经过亲身体验，才能懂得其中的酸甜苦辣。

例句 丁一意味深长地对他的儿子说道："你现在还不理解爸爸妈妈的苦心，等你做了爸爸后就会明白。俗话说得好，'当家才知柴米价，养子方晓父母恩'啊！"

莫求金银堆成山，但愿子孙都成才

释义 金银珠宝只是物质上的富有，子孙后代都成为有用之才才是最宝贵的。强调父母望子成龙、望女成凤的迫切愿望。

例句 天下父母哪个没有"莫求金银堆成山，但愿子孙都成才"的心愿？可无奈的是有的孩子偏偏不争气呀！

儿不嫌母丑，狗不嫌家贫

释义 孩子不会嫌弃母亲长得丑陋，就像狗不会埋怨主人家里贫穷。

例句 俗话说，"儿不嫌母丑，狗不嫌家贫"。你别看他平时为人老实，别人要说他母亲半点儿不好，他绝不答应。

儿是冤孽女是愁

释义 孩子是父母担在肩上的责任。父母千辛万苦把孩子养大，还时常惦记着孩子，只要孩子有一点儿事就放心不下。

例句 虽然"儿是冤孽女是愁"这句老话放在当今有点儿不合时宜，但为人父母，教育子女的确不易，我们都该孝顺自己的父母。

儿孙自有儿孙福，莫为儿孙做马牛

释义 子孙后代自有他们处理问题、存活于世的方法，做父母的不必事事为他们铺垫好，不要像他们的牛马一样为他们操劳一生。也作：儿孙自有儿孙福，莫与儿孙做马牛｜儿孙自有儿孙计，莫与儿孙做马牛。

例句 疼惜晚辈也要有个度，"儿孙自有儿孙福，莫为儿孙做马牛"。

儿大当娶，女大当嫁

释义 男的长大了娶妻是理所应当的，女孩长大了嫁人也是理所应当的。

例句 她刚大学毕业，父母就操心起她的婚事来，整天念叨着"儿大当娶，女大当嫁"。

积善之家，必有余福；积恶之家，必有余殃

释义 旧时认为多做好事的人家能造福子孙，多做坏事的人家会祸及后代。

例句 "'积善之家，必有余福；积恶之家，必有余殃'。对我们个人而言，就是要多做好事，不做坏事。"爷爷对闯了祸的孙子说。

爹有娘有，不如己有；哥有嫂有，不敢伸手

释义 意为凡事要依靠自己，不能依赖父母，父母之外的人更是依赖不住的。

例句 "爹有娘有，不如己有；哥有嫂有，不敢伸手。"小王听从了兄长的教诲，不再依靠父母，努力工作，很快就成家立业了。

丑妇家中宝

释义 指丑媳妇大多能安分守己，不惹是非。也作：丑妻家中宝。

例句 "丑妇家中宝"，别看她其貌不扬，但料理家事却是井井有条。

打在儿身，疼在娘心

释义 子女遭受不幸，最伤心的是他们的母亲。

例句 听着"啪啪啪……"的一阵耳光声，母亲已是泣不成声，"打在儿身，疼在娘心"呀！父亲见状也不忍心打下去了。

父子不和家不旺，邻里不和是非多

释义 父子不和睦家庭难以兴盛，邻居之间不和睦会生出许多是非。

例句 众乡亲都劝爷爷："您老就别和儿子怄气了，'父子不和家不旺，邻里不和是非多'，一切以和为贵嘛！"

父不记子过

释义 指父亲不把子女的过错放在心上。

例句 爸爸认真地说："只要你能谨记教诲，重新做人就好了，'父不记子过'，你以后还是爸的好儿子。"

一家安乐值千金

释义 全家人平安快乐地生活，是最难能可贵的。

例句 莫道荣华富贵，升官发财。"一家安乐值千金"，只要能与全家人在一起幸福地生活，比什么都强。

家贫显孝子，国难识忠臣

释义 在困境或危难中才能看出一个人的品质。

例句 "'家贫显孝子，国难识忠臣。'要不是公司里出了事，我还真不知道他是个这么讲义气的人！"他显然对公司新来的会计

知识窗

忠臣，与奸臣、贰臣相对，原指忠于君主，为君主效忠的官吏，现在也用来泛指忠诚于特定的对象的人。

有了好感。

藕发莲生，十指连心

释义 藕：比喻父母，莲：比喻子女。指父母和子女之间的感情是最深的。

例句 两位老人家，人们说："藕发莲生，十指连心。"儿女都是父母心上的肉啊！

家无读书子，官从何处来

释义 意为读书是当官的主要途径。

例句 "家无读书子，官从何处来。"以前老百姓之所以千方百计送孩子去读书，就是希望他们可以做官，光宗耀祖。

家无主，屋倒竖

释义 家中没有主妇，家里就会乱得像屋子倒过来一样。说明一个家庭不能缺少管理家务的主妇。也指一个集体必须有一个主事的人。也作：家无主心骨，扫帚颠倒竖。

例句 "常言道，'家无主，屋倒竖'。我们要尽快选出一位新村主任才行！"妇女主任在讲台上大声说道。

家养母鸡三只，不愁油盐开支

释义 鸡蛋可以卖钱，家里养了母鸡，就不愁没有钱花。

例句 "家养母鸡三只，不愁油盐开支。"以前在农村，谁家里要是有几只母鸡，一家人的油盐花销就不用愁了。

家有百棵桑，全家有衣裳

释义 家里种植很多桑树，养的蚕就有食物吃，全家人就不怕没有衣服穿了。

例句 古人云："家有百棵桑，全家有衣裳。"所以在古代，人们都会在房前屋后种植桑树。

家有常业，虽饥不饿；国有常法，虽危不亡

释义 家里人都有固定的职业收入，虽遇饥荒年也不会挨饿；国家有固定的法律法规，虽遇危难也不会灭亡。

例句 "'家有常业，虽饥不饿；国有常法，虽危不亡。'一个企业要发展壮大，也必须有明确的规章制度。"王教授说。

家有老，是个宝

释义 意为老人是儿女宝贵的财富，有老人操持家务，可以减轻儿女的负担；老人经验阅历丰富，有老人教诲，儿女能少走弯路。也作：家有一老，黄金活宝 | 家有一老，强似活宝 | 家有一老，犹如一宝。

例句 "'家有老，是个宝。'你应该知足，要是没有老太太，你能回家就吃上热气腾腾的饭菜？"妈妈劝解李阿姨说。

家有千金，不如日进分文

释义 家中即便有千金财富，坐吃也会吃尽，倒不如靠劳动谋生，哪怕每天只有微薄的收入也是好的。

例句 常言道，"家有千金，不如日进分文"。只要保证日有进项，这日

子就过得下去。

巧妇难为无米之炊

释义 为：做。炊：烧火做饭。再巧的媳妇，没有米也烧不成饭。指不具备基本条件，再聪明能干的人也难办成事。

例句 什么是苦呢？院里设备不全，药品不全，"巧妇难为无米之炊"，这便是苦。（茅盾《锻炼》）

河深海深，最深莫过父母恩

释义 指父母的养育之恩比河、海还深，儿女难以报答。

例句 "河深海深，最深莫过父母恩。"无论我们为父母做多少事情，也难以报答父母的养育之恩。

家有一心，有钱买金；家有二心，无钱买针

释义 指全家人团结一心就能致富，如果心不齐，就会穷得连针都买不起。

例句 "老人们都说'家有一心，有钱买金；家有二心，无钱买针'。一家人过日子，要的不就是个齐心协力嘛！"二叔抽了一口烟说。

前三十年父养子，后三十年子养父

释义 意为孩子小的时候是父母抚养孩子，孩子长大之后就是孩子孝敬父母。

例句 "俗话说，'前三十年父养子，后三十年子养父'。你的儿子也不小了，你不能整天像哄小孩一样顺着他！"张爷爷说。

巧妇难为无米之炊

晏景初是宋朝的一位尚书。有一次，他外出办事，回来得晚了。那时，夕阳染红天边，渐渐西沉。想到食宿毫无着落，前后又都没有人家，只有一座寺庙，晏景初从原来的气定神闲到渐渐心慌意乱。最后，他平静下来，心想："我不如先到寺庙借宿一夜，趁机歇歇脚，等到天亮了再赶路也不迟。"

眼前这座寺庙的外观看起来很是破旧，里面依稀闪烁着几点烛光，一副香火并不旺盛、惨淡经营的模样。晏景初举起的手迟疑了一会儿，最后，他还是敲响了庙门。一会儿，一个小沙弥推开庙门的一角，探出头来。

晏景初非常高兴，正想上前和小沙弥招呼一声，没想到，这个小沙弥一见来了一位官员打扮的人，急忙转身，连庙门也忘了关上，一溜烟儿向大堂跑去。这让晏景初感到很是诧异，也很生气，却不知是怎么回事。于是他顾不得自己又饿又累，急忙随着这个小沙弥进了寺庙。

这时，一位老和尚颤巍巍地走出大堂。晏景初急忙躬身施礼，诚恳地向老和尚说明了来意，希望能得到老和尚的帮助，他想当然地以为老和尚一定会毫不犹豫地答

应留自己一晚。

可没想到，老和尚听完，却一脸为难地说："很抱歉，本寺生活穷困，设施简陋，实在不便留宿。"晏景初一听，非常不满地说："作为一庙主持，断不应该把寺庙弄得一无所有！"

老和尚听了这话，一阵脸红。他很不高兴，毫不客气地回敬晏景初道："没有面，就是再能干的媳妇也做不出汤饼来呀！"晏景初一听，更是不甘示弱，他语气充满讥讽地说："如果有面，就是再笨的媳妇也能做出饭来呀！"老和尚无言以对，面露愧色，悄悄地退回了大堂。

后来，"巧妇难为无米之炊"，用来指再能干的人，没有必要的物质条件，也难以办成事。

积累卡

与父母恩情相关的谚语

1.可怜天下父母心　2.朋友养其志，父母养其身　3.不落海底不知大海深，不生子女不知父母恩

答案

勤穿勤脱 —————— 病好自安

少吃多餐 —————— 强似吃药

不觅仙丹 —————— 食补不如动骨强

药补不如食补好 —————— 觅睡方

交际类 谚语

JIAOJI LEI YANYU

交友在贤德，岂在富与贫

释义 交朋友主要看他是否贤德，而不是看他的贫富。

例句 他这人一向势利眼，只愿意和有钱、有权的人交往。这些人一旦明白了他的为人便不会真心与他相交，毕竟"交友在贤德，岂在富与贫"。

千金易得，知己难求

释义 千两黄金易得，知音难以寻找。也作：千金易得，知音难求。

例句 "千金易得，知己难求。"能遇到知音，当真是人生一大幸事。

知人难，知己更难

释义 了解别人很难，了解自己比了解别人更难。

例句 "知人难，知己更难。"有时候我们的敌人是自己而不是别人，真正了解自己，并战胜自己的弱点，才更有可能获得成功。

知人知面不知心，知山知水不知深

释义 比喻人心难测。也作：知人知面不知心。

例句 我一直把你当作好兄弟，你却一直从我身上窃取我们公司的商业机密，真是"知人知面不知心，知山知水不知深"啊！

知人者智，自知者明

释义 能正确认识别人的人是智者，能正确认识自己的人是聪明人。

例句 "知人者智，自知者明。"聪明人的可贵之处是能够正确认识自己。

当面留人情，日后好相逢

释义 与人相处，要注意给对方留情面，以便以后好相见。也作：当面留一线，过后好相见。

例句 "当面留人情，日后好相逢。"与人为善，以后自己遇到困难也会得到别人的帮助。

当面一盆火，背后一把刀

释义 比喻当面待人热情，背后却欲置人于死地。讥讽阴险毒辣的伪君子。

例句 有些人很阴险，"当面一盆火，背后一把刀"，表面上热情得很，其实最喜欢在背后陷害别人。

对客不得嗔狗

释义 嗔：责怪，生气。意为不要当着客人的面责怪狗，这是对客人不尊重的表现。

例句 "对客不得嗔狗。"在外人面前要讲究礼貌礼节，即便是自家的狗也不能随便斥责。

酒肉朋友，没钱分手

释义 指靠金钱换来的友谊不会维持太久。也作：酒肉朋友，难得长久。

例句 俗话说："酒肉朋友，没钱分手。"你落魄的时候，不要奢望得到他们的帮助。

多个朋友多条路，多个冤家多道墙

释义 意为要广交朋友，少结冤家。也作：多个朋友多条路，少个对头少堵墙｜多一个朋友多一条道｜多一个朋友多一条路，多一个冤家多一条河｜多个朋友多条路，多个冤家多把刀｜多个朋友多条路，多个冤家多堵墙。

例句 "多个朋友多条路，多个冤家多道墙。"我们平时应该广结善缘，少结冤仇。

酒肉朋友有千个，落难之中无一人

释义 平时酒场上的朋友很多，遭难时一个也不见踪影。告诫人们酒肉朋友靠不住。

例句 俗话说，"酒肉朋友有千个，落难之中无一人"。处于困境中的他对这话深有体会。

君子之交淡如水

释义 君子之间的交往像水一般纯正、淡泊。指品德高尚的人之间的交往看重的不是表面化的修饰，而是实际行动。

例句 几十年未曾谋面，今天一见我们还是感到分外亲切，"君子之交淡如水"，我知道这份友情是经得起任何考验的！

莫问客人走不走，要问客人何时来

释义 指接待客人时要懂得礼貌，不要问什么时候走，要问什么时候再来。

例句 俗话说："莫问客人走不走，要问客人何时来。"你怎么连点儿基本的礼貌都不懂呢？客人在时问人家什么时候走，这不是赶人家嘛！

宁愿挨一刀，不和秦桧交

释义 指宁死不与阴险的小人打交道。

例句 同事小苟心术不正，经常挑拨离间，"宁愿挨一刀，不和秦桧交"，我一直都不把她当朋友。

知识窗

秦桧，宋朝宰相，中国古代十大奸臣之一。主张与金议和，向金称臣。以"莫须有"的罪名将忠臣名将岳飞处死，好弄虚作假，玩弄权术，为后人所唾弃。

人不可得罪净，话不要全说绝

释义 告诫人们，在说话、办事情的时候要给别人留下回旋的余地，不能做得太绝情。

例句 我当初就劝他，"人不可得罪净，话不要全说绝"。他却偏偏不给别人留情面，事到如今才知求助无门。

弹琴知音，谈话知心

释义 指通过弹琴，可以知道琴音准不准；通过聊天，可以知道别人的心事。

例句 阿姨说："你最近好像很不开心，常言道'弹琴知音，谈话知心'，有什么事说出来，我可以帮你。"

相逢知己话偏长

释义 指知心朋友相见，就觉得有说不完的话。

例句 我与小霞谈了一宿，仍意犹未尽，真是"相逢知己话偏长"啊！

人心换人心，八两换半斤

释义 八两：旧制八两等于半斤。强调与人相处要以诚相待。

例句 与人相处，你对他好，他就对你好，"人心换人心，八两换半斤"嘛！

浇花浇根，交友交心

释义 指结交朋友要以诚相待，推心置腹。

例句 你以为请朋友吃顿饭，为朋友花些钱就能交到真正的朋友吗？要记住："浇花浇根，交友交心。"

河水有清有浑，朋友有假有真

释义 强调交朋友要慎重，不可轻易相信别人。

例句 "河水有清有浑，朋友有假有真"，这么多人当中，我认定小燕始终是我的知己。

结交要像长流水，莫学杨柳一时青

释义 指要交到真正的朋友，不是一朝一夕就能做到的，需要长时间地了解和接触。

例句 真正的友谊一定要经得起时间的考验、岁月的洗礼，所以"结交要像长流水，莫学杨柳一时青"。

非亲有义须当敬，是友无情不可交

释义 不是亲戚，只要有情有义就值得敬重；再好的朋友，只要无情无义就不要交往。

例句 去年,她的婚礼我都参加了,可她对我却从来都那么冷淡。常言道:"非亲有义须当敬,是友无情不可交。"唉!这样的朋友,忘了也罢。

交友交义不交财,择友择智不择貌

释义 指结交朋友,要重义轻财,重视智慧,不可以貌取人。也作:交义不交财,交财两不来。

例句 不要因为她长得丑就疏远人家,"交友交义不交财,择友择智不择貌",她的成绩可是全班第一呀!

路遥知马力,日久见人心

释义 欲知马力,需经长途跋涉;要知他人品质,需长时间相处。

例句 真是"路遥知马力,日久见人心"!过去算我瞎了眼,没看出你是这种人!(雪克《战斗的青春》)

人心齐,泰山移

释义 只要大家齐心协力,连泰山也能移走。

例句 "人心齐,泰山移。"一场突击抢修水利工程的行动,体现了云山农民兄弟团结合作、共同战斗的革命精神。

知识窗

泰山是中国五岳之首,古名岱山,又称岱宗,位于山东省中部,在济南、莱芜、泰安之间。其南麓始于泰安城,北麓止于济南市,方圆426平方千米,矗立在鲁中群山之间。

人多力量大,柴多火焰高

释义 大家团结起来才能产生巨大的力量,就像柴多燃烧起来火焰就高一样。

例句 祝永康说："只有组织起来，我们才有力量抗拒一切灾害，改造自然环境，创造新的世界。"何老九在旁称赞道："老祝正好说到俺心里来了。不是有句古话吗？'人多力量大，柴多火焰高。'"

一个篱笆三个桩，一个好汉三个帮

释义 一个篱笆有三个桩子才能立起来，一个好汉要有三个人帮助才能做成事情。比喻本事大的人也需要别人的帮助。

例句 "一个篱笆三个桩，一个好汉三个帮"，只要大家齐心协力，天塌下来咱们也不怕。

人帮人成王，土帮土成墙

释义 只要互相帮助，团结一心，就能克服困难，取得成功。

例句 "人帮人成王，土帮土成墙。"这次的团体野外拉练竞赛，我们小组团结一心相互帮忙，获得了第一名。

雪前送炭好，雨后送伞迟

释义 指别人需要帮助时，应及时伸出援助之手。

例句 "雪前送炭好，雨后送伞迟。"他家遭灾了，我们这时不帮，更待何时？

人要长交，账要短结

释义 指朋友之间的交往，时间越长，友谊越深；账目要及时清算，时间越短，问题越少。

例句 常言道："人要长交，账要短结。"我与同学们好久没联系了，感觉疏远了很多。

树直用处多，人直朋友多

释义 树木笔直，用途广泛；为人正直，能交到很多朋友。

例句 鹏鹏心直口快，心地善良，我们都乐意与他交朋友，真是"树直用处多，人直朋友多"呀！

三人一条心，黄土变成金

释义 三：概数，形容多。只要众人一条心，黄土也能变成黄金。指万众一心就能产生无穷的力量，创造奇迹。

例句 队长说："'三人一条心，黄土变成金'，大家齐心协力，一定能攻克一切难关。"

万事和为贵

释义 无论交往什么人、做什么事都要以"和"为重。

例句 坚持"万事和为贵"，才能与人为善，促进家庭和社会的和谐、进步。

千里送鹅毛，礼轻人意重

释义 礼物虽然微小，却代表着深情厚谊。说明人与人之间的情谊不能用物质的多少来衡量。

例句 "千里送鹅毛，礼轻人意重"，我一定会珍惜你送我的这份礼物。

水至清则无鱼，人至察则无徒

释义 水过于清澈就不会有鱼生存，人过于精明就很少有人愿意接近。

例句 "水至清则无鱼，人至察则无徒"，所以，保持一份与世无争的心态，何尝不是一种洒脱？

他敬我一尺，我敬他一丈

释义 指别人若尊重我，我更加尊敬别人。

例句 胡坤一直抱着"他敬我一尺，我敬他一丈"的态度，所以结交了许多朋友。

先小人，后君子

释义 指双方做事之前先把条件、要求讲清楚，然后再礼让。

例句 "九叔，你要把一切问题和他们讲清楚，俗话说：'先小人，后君子。'免得以后人家埋怨咱。"

知识窗

"君子"一词在先秦典籍中经常出现，后来被儒家推崇。君子指的是具有高尚人格的人，这也成为后世用来规范人道德品质的标准。

过河拆桥，卸磨杀驴

释义 形容人忘恩负义，达到目的后，就把帮助过自己的人一脚踢开。

例句 你竟然做出这种"过河拆桥，卸磨杀驴"的事，真是太卑鄙了！

气量要宏大，待人要真诚

释义 指为人处世要有宽大的胸襟和真诚的态度，不要斤斤计较，虚伪做作。

例句 你还在那儿怄气吗？老师一直教导我们"气量要宏大，待人要真诚"，先想想这件事中，有没有你的过错。

千金难买雪里炭，一文不值锦上花

释义 金钱买不到危急时的救助，锦上添花却一文不值。

例句 俗话说："千金难买雪里炭，一文不值锦上花。"别人危难时给予的帮助是非常难能可贵的。

明枪易躲，暗箭难防

释义 比喻正面的攻击较容易对付，暗中伤人的行为或诡计则难以防范。

例句 你虽然按制度办事，拒绝了这帮坏人的无理要求，问心无愧，可你因此得罪了他们，要知道"明枪易躲，暗箭难防"。没准儿他们会报复，你还是多加小心为好。

明者见于无形，智者虑于未萌

释义 聪明人在事情尚未形成的时候就能看出端倪，有智慧的人在事情尚未萌芽的时候就已经有所考虑。

例句 刘大哥在前阵子股市行情最好的时候，就告诫我必须马上抛掉手上的股票，因为他看出股价马上就要跌了。我听了他的话，不但没像你们一样损失钱财，当时还挣了一笔钱。这真是"明者见于无形，智者虑于未萌"啊！

君子之交淡如水

春秋时，孔子在鲁国做官。后来他因为主张"仁政"而与那些有权有势的人意见不合，受到排斥，只好离开鲁国，带领着他的弟子们周游列国——到各个国家去游历，一方面增长见识，一方面游说各国的君主接受他们的思想。

在路途中，他们风餐露宿，星夜兼程，吃了很多的苦，受了很多罪，经历了很多常人难以想象的艰难……可是，没有哪一位君主愿意接受他们的政见。这是因为当时诸侯之间崇尚武力，他们经常为了争夺土地而挑起战争。最让孔子感到难受的是，他以前的许多好朋友和学生看着他们身处困境，不仅不帮忙，还越来越远离他们。

这让孔子很苦恼，他不知道这是为什么。他想了很久，也没有得到答案，于是就去向一位姓桑的隐士请教："我的好朋友和学生以前都和我关系很好，如今却像陌生人一样，见了我们就躲，对我们的处境不闻不问，更别谈能像以前一样交流思想和学问了，这究竟是为什么？"

隐士告诉他："这一

点儿也不奇怪，人和人之间的关系，本来就是'君子之交淡如水，小人之交甘若醴'。"

这句话的意思是说：君子之间的友谊，就像那淡淡的清水一样，清水无色无味，但却能够让你经常喝着它而不觉得厌烦。与坦荡的君子的交往就像是清水，他能真诚地对待你，长久地和你相处，不会在你危难的时候远离你。而与势利小人的交情就像甜酒似的，虽然让你一时感到很好喝，但是却不能经常喝。与小人交朋友，在你倒霉和遭遇痛苦的时候，他一定会对你冷淡，甚至是抛弃你。所以，交朋友的时候要看看他是不是真诚坦荡，是不是能够和你长久地在一起。

"君子之交淡如水"这句名言，后来成了人人都知晓的谚语。

这个故事告诉我们：在和朋友交往的过程中，要对自己的朋友属于哪一类人心知肚明；要结交君子，远离小人。

积累卡

与友情相关的谚语

1.博得人家信任全凭诚恳，得到朋友帮助全凭真诚　2.叫花子也有三个穷朋友　3.近邻不可断，朋友不可疏　4.为朋友两肋插刀

答案

◆卖瓜的不说（瓜苦）

◆马上摔死（英雄汉），河里淹死（会水人）

◆利人之言，暖如（布帛）；伤人之言，痛如（刀戟）

才能类 谚语

CAINENG LEI YANYU

蛟龙岂是池中物，未遇风云升不得

释义 比喻有才能、有宏伟志向的人，如果未遇良机就难以充分发挥自己的才能。

例句 "蛟龙岂是池中物，未遇风云升不得。"他如果没有遇到你这位慧眼识英雄的老板，又怎会有今天的成就！

宝刀藏鞘里，日久也生锈

释义 比喻人的才能如果长期得不到发挥就会退化。

例句 真是"宝刀藏鞘里，日久也生锈"。奶奶这位扭秧歌的"祖师级"人物，很久没活动，动作也没以前熟练了。

开水不响，响水不开

释义 比喻有真才实学的人不自吹自擂，经常自我吹嘘的人没有真本事。

例句 看他在那儿大放厥词，自以为了不起，殊不知"开水不响，响水不开"，真正有才干的人不是靠嘴说出来的。

快刀不磨是块铁

释义 比喻有才能的人如果远离社会，不到实践中去锻炼，不进行知识更新,他的才能会逐渐衰退,他也会变得无所作为。

例句 "快刀不磨是块铁。"即便像方仲永那样的天才,如果不继续学习,也只会成为普通人。

自古雄才多磨难

释义 指人只有经历过许多困难磨炼,才有可能成为雄才大略的英雄人物。

例句 "自古雄才多磨难",想成就一番大业,不吃点儿苦怎么能行?

人不在大小,马不在高低

释义 指一个人有没有才能不在于年龄的大小,马是否是良驹并不在于马的高低。教育人们不要以貌取人。

例句 "人不在大小,马不在高低。"我们不能以貌取人,要通过具体的实践来评价一个人的能力。

不经长途,不知马骏

释义 意为只有经过长途跋涉,才能看出是不是宝马良驹。比喻只有长时间磨炼,才能显现出一个人的才干。

例句 小郭是个有才能的人,通过这次他策划的活动取得了圆满的成功就可以看出来,真是"不经长途,不知马骏"哪!

天生我材必有用

释义 上天既然造就了我这样一个有才能的人,我就一定有用武之地。

例句 他的高个子在同龄人里非常显眼,他曾一度因为同学们称呼他"傻大个"而苦恼。体育老师力劝他参加篮球队,没想到他成了主力。提起前后的心态变化，他嘿嘿一笑说："现在我相信'天生我材必有用'。"

是金子，放在哪里都发光

释义 比喻只要是人才，走到哪里都能发挥作用。

例句 "是金子，放在哪里都发光。"刚毕业的年轻人不必担心工作起点低，有才干的人在任何岗位都能取得成绩。

天外有天，人上有人

释义 天外还有更广阔的天，能人之上还有更有才能的人。告诫人们不要骄傲自满，要善于向别人学习请教。也作：天外有天，人外有人 | 天外有天，山外有山。

例句 观摩了各地戏曲院团的汇报演出后，她感叹"天外有天，人上有人"，自己的唱、念、做、打功夫还远不如老前辈们，这激发了她苦练自己技艺的决心。

天下才一石，子建独得八斗

释义 形容曹植很有才学。

例句 曹植七步成诗，才华惊人，后人甚至誉之为"天下才一石，子建独得八斗"。

有麝自然香，高名不可掩

释义 麝：麝香的简称。麝香有特殊的香气，可制香料。比喻有才能的人自然会被人赏识。

例句 "有麝自然香,高名不可掩。"没过两天,破解了世界数学难题的他便成了学校的明星级人物。

时无英雄,使竖子成名

释义 当时没有英雄人物,使一个无名小辈成就了一番事业。

例句 "时无英雄,使竖子成名。"若不是在那样一个特殊时期,凭他的资质恐怕很难出头。

才高遭妒,人贤遭难

释义 指才能出众、品德高尚的人容易遭到嫉妒和责难。

例句 尽管"才高遭妒,人贤遭难",我们仍应不断完善自身,努力成为更贤良的人。

积财千万,不如薄技在身

释义 人有上千万的钱财,也不如有一技之长好。比喻人有技能才能获得长远的发展。

例句 "积财千万,不如薄技在身",由此看来,人还是要学技能,有了技能才有更美好的未来。

千招要会,一招要好

释义 人不仅要学会很多招数,而且一定要有一个自己特别擅长的招数。

例句 "千招要会,一招要好",所以做学问既要博览群书,扩大知识面,又要深入钻研,力图在某个方面有所突破。

说得好听，不如练得艺精

释义 不论话说得多好听，都不如技艺练得精湛。

例句 常言道："说得好听，不如练得艺精。"可见有一技之长是多么重要！

武艺不学不通，本领不练不精

释义 武艺不学就不会透彻地了解，本领不练就不会精通。

例句 "武艺不学不通，本领不练不精。"天赋可以帮我们迅速入门，勤奋才能让我们达到精通。

人不可貌相，海水不可斗量

释义 指不能凭长相来判断一个人，就像不能用斗来测量海水一样。说明人的外貌与才学、行为之间没有必然的联系。也作：人不可以貌相，海水不可以斗量。

例句 他瘦弱的身体居然能够扛起这块巨石，真是"人不可貌相，海水不可斗量"。

天荒饿不死手艺人

释义 指有一技之长的人，即使发生灾荒也会有饭吃。

例句 母亲说过一句话让他终生难忘："天荒饿不死手艺人。"他后来拜师学艺，成为一名优秀的文物修复人员。

知识窗

手艺人，以手工技能或其他技艺为业的人，包括陶工、铁匠、织工、木匠、厨子、乐手等，也包括米开朗基罗等文化艺术巨匠。

趣味故事

士别三日，刮目相待

　　吕蒙是三国时期东吴著名的大将，此人英勇无比，武艺高超，但从来不曾认真读过几本书。为此，鲁肃一向瞧不起他，认为吕蒙不过是一个"草莽英雄"罢了。

　　原来，吕蒙从小家境贫寒，常常食不果腹，也没有念过几天书。但从军后，他冲锋陷阵，屡立战功。可由于他没有文化，竟无法记录自己取得成功的战例。

　　有一天，吴主孙权对吕蒙说："你从十五六岁起，一年到头都在打仗，没有时间读书，现在做了将军了，掌权管事，更应该好好地读一些书，增长自己的才干才是。"

　　吕蒙一听主公要他学习，便面露难色，一再为难地推托说："军队里的事情又多又杂，什么都要我亲自过问，我恐怕挤不出时间来读书啊！"

　　孙权说："你的事情总没有我多吧？我并不是要你去研究学问、当专家，而只是要你翻阅一些古书，从中得到一些启发罢了。你很聪明，更

应该读些书。"

吕蒙问："是吗？可我不知道应该去读哪些书！"

孙权听了，微笑着说："你可以先读些《孙子》《六韬》等兵法书，然后再读些《左传》《史记》等历史书，这些书对于你以后带兵打仗很有好处。"过了一会儿，孙权又说："时间嘛，要自己去挤。从前汉光武帝在行军作战的紧张关头，手里还总是拿着一本书不肯放下来呢！你们年轻人更应该忙中偷闲多读点儿书。"

吕蒙听了孙权的话，回去便开始读书学习，专心致志，坚持不懈，发奋读书，读书的范围和精辟的见解，连一些老儒生也赶不上。同时他还研究评论书中的一些观点。这样他的见解也越来越精辟，有时连当时那些学识渊博的人也自叹不如了。

后来鲁肃拜访吕蒙，在与吕蒙议论时局、军事时，鲁肃大为惊讶，因为吕蒙已经见识非凡，自己也有所不及。鲁肃高兴地拍着吕蒙的肩膀说："过去听说你除了打仗，别无长处，今日一见，你文武双全，才识广博，已非当年吴下阿蒙了。"吕蒙笑着说："士别三日，即要刮目相待。"

"士别三日，刮目相待"，比喻分别不久又相见，应当用新的眼光去看待别人，也用来赞扬一些人今非昔比，不可等闲视之。

积累卡

与才能相关的谚语

1.才高遭妒，人贤遭难　2.才高要语谦，力大要助人　3.迟花慢发，大器晚成　4.海阔凭鱼跃，天高任鸟飞　5.海水淘不干，潜力挖不完　6.兰生幽谷，不以无人而不芳

勤劳类 谚语
QINLAO LEI YANYU

不怕慢，只怕闲

释义 指不停地劳动和工作，即使动作慢收获也很大，而闲着不做，自然会一无所获。

例句 俗话说："不怕慢，只怕闲。"骄傲的兔子终于被有韧性的乌龟打败了。

镜子不擦起灰尘，人不勤劳成废人

释义 指镜子若不擦就会有灰尘，人若不劳动就不会成为有用的人。

例句 "镜子不擦起灰尘，人不勤劳成废人"，墩子最近好吃懒做，看上去越来越颓废了。

不动扫帚地不光，不动锅铲饭不香

释义 比喻不付出劳动就不会有所收获。

例句 咱们可不能再坐享其成了，"不动扫帚地不光，不动锅铲饭不香"，人总得亲自去拼搏争取，方可有所收获。

懒汉一伸腰，勤汉走三遭

释义 形容懒人做事从不抓紧时间，因此效率很低；勤劳的人抓紧时间,做事效率高。

例句 海丽学习很勤奋,每天早自习,她都是早到半小时,而我则是踩着上课铃到教室;早自习结束时,我单词还没读熟,她已经会背了。真是"懒汉一伸腰,勤汉走三遭"。

勤劳和智慧是双胞胎,懒惰和愚笨是亲兄弟

释义 勤劳和智慧是分不开的,懒惰和愚笨是分不开的。

例句 俗话说,"勤劳和智慧是双胞胎,懒惰和愚笨是亲兄弟"。天才大都不是天生的,而是后天的努力学习造就的。

勤人登山易,懒人伸指难

释义 对于勤劳的人,再难办的事都觉得容易办;对于懒惰的人,再容易办的事都觉得难办。也作:勤人过山易,懒人动指难。

例句 俗话说,"勤人登山易,懒人伸指难"。许多事情,我们之所以觉得做起来困难,往往是因为自己不够勤快,不够努力。

宁可笨不可懒,宁苦干不苦熬

释义 宁愿做事笨拙一些,也不要懒惰;宁愿辛苦劳作,也不要在困境中受煎熬。

例句 小明总为自己比别的小孩反应慢而自卑,妈妈鼓励他说:"'宁可笨不可懒,宁苦干不苦熬。'只要你勤奋努力了,你就是最棒的!"

人勤穷不久,人懒富不长

释义 人若勤快,很快就会过上富裕的生活;人若懒散,不管多么富

有，也会很快走向贫穷。

例句 常言道："人勤穷不久，人懒富不长。"只要你不怕苦，不怕累，跟着大伙好好干，我保证，不出三年你的日子便会好起来。

勤是摇钱树，俭是聚宝盆

释义 比喻勤劳和节俭是发家致富的两大法宝。

例句 "勤是摇钱树，俭是聚宝盆。"这句话一直广泛流传，勤俭也成了中华民族的优良传统之一。

不将辛苦意，难近世间财

释义 指要想有所收获，就要不辞劳苦，肯下功夫。

例句 "不将辛苦意，难近世间财。"学习也得下苦功夫，才能见成绩。

富贵本无根，尽从勤里得

释义 人生中的荣华富贵不是生下来就有的，是依靠后天的勤奋得到的。

例句 人活在这个世界上必须努力奋斗，勤奋努力。正所谓"富贵本无根，尽从勤里得"，只有勤劳才能创造财富，获得美满的人生。

知识在于积累，天才在于勤奋

释义 指知识是一点一点积累起来的，天才是不断努力学习的结果。

例句 "还是用功学习吧，'知识在于积累，天才在于勤奋'，没有人会随随便便成功。"班长自言自语道。

知识窗

弗兰西斯·培根是英国文艺复兴时期最重要的哲学家，是经验主义哲学的奠基人，他曾说过一句名言：知识就是力量！

饿得死懒汉，饿不死穷汉

释义 说明懒人不干活，生活就无着落；穷人肯劳动，生活就有保障。

例句 "饿得死懒汉，饿不死穷汉。"只要你辛勤劳作，不怕辛苦，日子一定会好起来的。

一年之计在于春，一生之计在于勤

释义 在春天安排好一年的计划，这一年一定会有很大的收获。人的一生要想有所成就，靠的就是勤奋。

例句 "一年之计在于春，一生之计在于勤"，你这么勤快，现在虽穷，但以后的日子一定会逐渐变好的。

只要功夫深，铁杵磨成针

释义 杵：舂米或捶衣的木棒。只要下足功夫，不怕苦，不怕累，铁杵也能磨成针。

例句 "只要功夫深，铁杵磨成针。"你是个能下功夫的人，又肯动脑筋，自然都能干出眉目来。（程树榛《大学时代》）

不怕迟种，单怕迟锄

释义 锄：一种松土除草的农具。意为做事不怕开始得晚，就怕过程中不努力。

例句 农民讲究"不怕迟种，单怕迟锄"。对于我们的学习来说，同样如此，不怕开始时成绩差，只要坚持不懈地努力学习，勤于思考，还是会赶上来的。但如果三天打鱼，两天晒网，就会更加落后于人。

不怕山高路远，就怕中途偷懒

释义 意为做事情就怕没有恒心、毅力，半途而废。

例句 "'不怕山高路远，就怕中途偷懒。'你刚练了半小时的琴就想休息，将来怎么上舞台表演呢？"老师有点儿不高兴地说。

懒汉下地事儿多，懒驴上磨屎尿多

释义 讽喻人借故偷懒，不愿多出力。

例句 他故意说肚子疼不愿出门跑步，妈妈说他是"懒汉下地事儿多，懒驴上磨屎尿多"。

不费心血花不开，不下苦功甜不来

释义 比喻只有努力付出，才能有收获。

例句 "'不费心血花不开，不下苦功甜不来。'你还是别想歪门邪道了，老老实实地复习吧！"同桌一本正经地对我说。

做人要堂正，做事要勤恳

释义 指做人要正直，做事情要勤勤恳恳。也作：做人要真诚，做事要勤恳｜做人要真诚，做事要勤劳。

例句 "做人要堂正，做事要勤恳。"始终牢记这两点，你会受益一生。

只怪人不勤，莫怪地不肥

释义 庄稼收成不好是因为人不够勤快，不是因为地肥力不够。

例句 就像"只怪人不勤,莫怪地不肥"一样,如果你平时上课认真听讲,期末考试不会不及格。

不识农时难丰收,不勤奋就难进步

释义 不准确地掌握农时就很难丰收,不勤奋努力就很难进步。

例句 俗话说:"不识农时难丰收,不勤奋就难进步"。农民要懂得农时,学生要知道勤奋,这样才能有好收成、大进步。

上天不负苦心人

释义 上天不会辜负刻苦用心的人。

例句 "上天不负苦心人。"也许付出的努力不能立见成效,但时间会为我们见证最终的成果。

年幼贪玩,老来要饭

释义 从小不努力学习,长大以后也不会有所成就。

例句 老人们常说:"年幼贪玩,老来要饭。"王家那个二儿子,从小就不求上进,果不其然,长大成家后穷得叮当响。

台上一招鲜,台下练三年

释义 指舞台上的每一个新招都出自于演员在台下多年的苦练。

例句 在采访中她回忆起自己当初如何坚持不懈苦练舞技,才得以开发出这一新舞种,从而一举成名的经历,让我们深深体会到"台上一招鲜,台下练三年"的道理。

趣味故事

业精于勤

　　韩愈,唐代文学家、哲学家、思想家。

　　韩愈3岁就父母双亡,依靠哥哥及嫂嫂郑氏抚养长大。他7岁就知道努力学习,出口便成文章。11岁时,哥哥因为受到牵连,贬官岭南。他跟着哥哥嫂嫂迁徙到南方。15岁时,哥哥又死了,韩愈跟着嫂嫂,带着哥哥的灵柩,万里奔波,归葬中原。当时中原又值多事之秋,兵荒马乱,全家又迁居到宣州(今安徽宣城)。可以说韩愈命运坎坷,历尽艰苦。但是,凄凉孤苦的身世、颠沛流离的环境,不仅没有打垮他,反而更培养了他刻苦自修、好学不倦的毅力。

　　勤奋学习使韩愈在文学方面很有声望,但他在仕途上却多有波折。甚至有一次,他被贬到边远地方去当一个小县令,多年以后,才当上国子监博士。

　　韩愈上任后,认真地教育他的学生。一天,他以自己的切身体验启发学生说:"学业的精深,决定于勤奋,游荡懈怠学业就会荒

废;事业的成功,在于独立思考,随波逐流事业就要失败。这是我多年来的亲身体会,这叫作'业精于勤,荒于嬉;行成于思,毁于随'。"

一个学生大胆地说:"老师,据我们所知,您名满天下,学业精深,朝廷却并没有重用您;您直言进谏,反而被贬到边远地区去了。您现在依然过着清苦的生活,您的学问并没有为您带来权势和财富,那么学与不学又有何妨?只不过是自命清高罢了!"

韩愈严肃地说:"你说错了!做人难道就为了升官发财?读书、做事难道只是为了让妻子儿女过上富裕的生活?西汉时的司马迁是个学问渊博的人,他受了酷刑,仍然坚持完成《史记》这部伟大的著作;屈原是个心系国家、能够独立思考的诗人,他被流放后,直到自沉汨罗江,还在关心着楚国的兴亡。他们是没有过上锦衣玉食的生活,但他们从未停止过对真理的探求。"

"业精于勤",比喻要在学业方面或事业方面取得进步、获得发展,需要努力与勤奋。

【游戏室】

谚语填空

◆熟能生巧　　　　　　　(　　　　　　　　　　)

◆只怪人不勤　　　　　　(　　　　　　　　　　)

◆一年之计在于春　　　　(　　　　　　　　　　)

◆一家之计在于和　　　　(　　　　　　　　　　)

(答案见正文第9页)

答案

◆不怕不识货　　　　　　(就怕货比货)

◆不怕少年苦　　　　　　(只怕老来穷)

◆不怕一万　　　　　　　(只怕万一)

勇敢类 谚语

YONGGAN LEI YANYU

深水莫畏渡，事难莫停步

释义 指水无论多深也不要畏惧不渡，事情无论多难也不要轻言放弃。

例句 炸掉这座钢筋混凝土桥是个艰巨的任务，不过中国有句古话："深水莫畏渡，事难莫停步。"无论如何，我们只许成功，不许失败。

经不起风吹浪打，算不得英雄好汉

释义 指不经困难和挫折的考验，难以成为英雄豪杰。

例句 "经不起风吹浪打，算不得英雄好汉。"只有上过充满硝烟的战场，我们才能拥有钢铁般的意志。

不担三分险，难练一身胆

释义 只有经历了磨难，才能练出一身胆。

例句 感谢组织把这么重要的任务交给我完成，"不担三分险，难练一身胆"，这是一次自我锻炼的好机会。

豁出一身剐，敢把皇帝拉下马

释义 形容只要有足够的胆量，再危险的事情也敢做。

例句 常言道，"豁出一身剐，敢把皇帝拉下马"。胆量大的人，什么事都做得出来。

怕虎不上山，怕龙不下滩

释义 比喻惧怕困难、不敢拼搏的人办不成大事。

例句 "怕虎不上山，怕龙不下滩。"既然做出了选择，希望大家能够咬牙坚持下去。

知识窗

在中国古代的神话与传说中，龙是一种神异动物，具有九种动物合而为一之"九不像"的形象，为兼备各种动物所长的异类。

怕得老虎，喂不得猪

释义 因为怕老虎可能吃掉喂养的猪而不去喂猪。比喻若顾虑太多，过分谨慎，就什么事也做不成。

例句 "怕得老虎，喂不得猪。"像你这样瞻前顾后的，什么也做不成。

天不怕，地不怕，老虎屁股也要摸一下

释义 比喻人非常勇敢。

例句 我向来"天不怕，地不怕，老虎屁股也要摸一下"。区区几个毛贼，胆敢太岁头上动土，看我怎么收拾他们！

初生牛犊不怕虎

释义 牛犊：小牛。刚出生的小牛不知道老虎的威猛，因而不害怕老虎。比喻刚进入社会、阅历不深的年轻人想法简单，敢想敢做。也作：初生牛犊不畏虎。

例句 "初生牛犊不怕虎"，万先廷就像一只这样的牛犊。他似乎永远

不会感到自己会有无法逾越的困难。

怕刺的人，摘不到红玫瑰

释义 比喻胆小怕事的人，难以实现理想。

例句 "怕刺的人，摘不到红玫瑰"，面对困境我们一定要迎难而上。

撒网要撒迎头网，开船要开顶风船

释义 形容英勇非常，敢于向任何困难挑战。

例句 男子汉大丈夫理应"撒网要撒迎头网，开船要开顶风船"，瞧你胆小如鼠的样子，真丢人！

越怕事，越有事

释义 越是提心吊胆，越有事情发生。意即要勇于迎接挑战。

例句 大家不要怕，"越怕事，越有事"，把悬着的心放下来，天塌下来有地接着。

怕走崎岖路，莫想攀高峰

释义 比喻要取得成功，就不要畏惧眼前的任何困难。

例句 指导员说："'怕走崎岖路，莫想攀高峰'，革命事业任重道远，大家一定要有思想准备。"

怕小河过不了大江

释义 指在小困难面前低头、畏惧，就无法挑战更大的困难，取得更大的胜利。

例句 "怕小河过不了大江",你们连这点儿小困难都克服不了,将来遇到大的困难怎么办?

勇敢是困难的克星

释义 指勇敢是战胜困难的法宝。

例句 遇到困难千万不要吓作一团,"勇敢是困难的克星",我们一定要挺身而出,迎接挑战。

大胆天下去得,小心寸步难行

释义 有胆量的人可以走遍天下,胆小的人走一步都觉得困难。

例句 人常说:"大胆天下去得,小心寸步难行。"面对未知的世界,我们每个人都应怀有一颗勇敢的心。

没有比害怕本身更可害怕的

释义 害怕、恐惧、不敢面对才是最可怕的。

例句 你一遇到困难就恐惧、不敢去面对,怎么行呢?要知道这世界上"没有比害怕本身更可害怕的"了。你只有战胜自己的恐惧心理,勇敢地去面对困难,才有可能战胜它。

敌大勿畏,敌小勿轻

释义 不要因为敌人的势力强大就望而生畏,也不要因敌人力量弱小就掉以轻心。

例句 "敌大勿畏,敌小勿轻"的战略思想已深入军心,如今我军势如破竹,战果累累。

怕鬼鬼作怪，打鬼鬼不来

释义 比喻不要害怕困难，勇敢面对就能克服困难。

例句 "怕鬼鬼作怪，打鬼鬼不来。"胆怯会让成功离我们越来越远，要勇敢地面对困难。

狭路相逢勇者胜，胆怯之人受欺凌

释义 胆怯：胆量小，缺少勇气。欺凌：欺压，凌辱。敌对双方在很窄的路上相遇，勇敢者才能取得胜利；胆怯的人只会受到别人的欺负。

例句 团长对士兵们说："面对数倍于我们的敌人，我们要记住'狭路相逢勇者胜，胆怯之人受欺凌'。"

别因河深不渡河，别因困难不进取

释义 告诫人们不要被表象所迷惑，不要轻易向困难低头，要勇敢地去探索和实践，不怕失败。

例句 克服困难、寻求上进是每个人都应该努力去做的，"别因河深不渡河，别因困难不进取"。

·趣味故事

初生牛犊不怕虎

　　东汉末年，刘备从曹操手中夺取了汉中，并在此称王。然后，踌躇满志的刘备想要一统天下，他就下令关羽北取襄阳，进兵樊城。关羽部将廖化、关平率军攻打襄阳，曹操部将曹仁领兵抵抗，结果曹仁大败，退守樊城。曹操闻讯，立即派大将于禁为征南将军，以勇将庞德为先锋，星夜兼程，火速领兵前往樊城救援。

　　这个庞德，何许人也？庞德，少年时任郡吏及州从事。从马腾进攻反叛的羌、氐等族，数有战功，官至校尉。曹操讨袁谭、袁尚于黎阳时，庞德随马腾之子马超拒战郭援、高干，大破其军，更亲斩郭援首级，于是拜中郎将，封都亭侯。后来马腾被征为卫尉，庞德便留属马超。曹操破马超于渭南时，庞德随马超逃入汉阳，保卫冀城；不久又随马超投奔汉中，从属于张鲁。曹操平定汉中后，庞德便随众投降。曹操素闻其骁勇，拜庞德为立义将军，封关门亭侯。

　　庞德率领先锋部队来到樊

城，他让兵士们抬着一口棺材，走在队伍的前面，表示自己与关羽决一死战的决心。庞德耀武扬威，指名要关羽与他决战。关羽出战后，两人大战百余回合，竟然不分胜负，最后，两军只好各自鸣金收兵。

筋疲力尽的关羽回到营寨，对关平说："庞德的刀法非常娴熟，真不愧为曹营勇将啊！"关平说："俗话说：'初生牛犊不怕虎。'您对他千万不能轻视啊！"这里"初生牛犊不怕虎"的意思是说勇将庞德刚刚出世，锐不可当，己方千万不能轻敌。

关羽觉得靠武力一时难以战胜庞德，于是想出一条计谋。当时正值秋雨连绵，汉江水猛涨，魏军营寨却扎在低洼之处。关羽命人连夜掘开汉水大堤，水淹于禁七军，最后，关羽大军俘虏了于禁、庞德。于禁很快就投降了，而庞德见到关羽却立而不跪，不肯屈服。关羽劝他投降，庞德反而破口大骂。最后，关羽只好下令杀了庞德。

这就是"初生牛犊不怕虎"的由来。其实在故事中我们可以看到，这句话早就存在了，要不然关平不能说"俗话说"，但是在这之前是谁说的已经无从考证，关平是第一个有史料可查的说这话的人，于是这句话就被认为是这句谚语的出处了。

【游戏室】

谚语填空

◆不怕不识货　　　　（　　　　　　）

◆不怕少年苦　　　　（　　　　　　）

◆不怕一万　　　　　（　　　　　　）

（答案见正文第88页）

育人类 谚语

YUREN LEI YANYU

纵子如纵虎

释义 指如果对子女放纵娇惯,将后患无穷。

例句 俗话说:"纵子如纵虎。"你这么娇惯你的儿子,恐怕早晚要出事。

娇子如杀子

释义 娇子:娇惯、溺爱儿女。指娇惯子女等于亲手杀害他们,对子女以后的健康成长没有丝毫的好处。

例句 小明把同学的文具盒偷回自己家,妈妈知道了却没有批评他,爸爸气极了,对妈妈说:"你难道不知道'娇子如杀子'吗?怎么能睁一只眼闭一只眼呢?"

娇养不如历艰

释义 娇生惯养远比不上让孩子多经历一些艰难困苦。

例句 人们常说"娇养不如历艰",可见让孩子吃点儿苦,受点儿罪,才是父母最该给予孩子的大爱。

宠是害,严是爱

释义 指对子女娇生惯养,使之养成不良习惯,实质上是害了他们;从小对子女严格要求，实质上是爱护他们。

例句 刘军对孩子总是非常严厉，从不溺爱孩子，因为他知道："宠是害，严是爱。"

不严不成器，过严防不虞

释义 虞：猜测，预料。指教育子女既要严格，又要保持一定的"度"。

例句 近年来，社会上发生了一些中学生伤母的事件，这再次提醒我们要明白"不严不成器，过严防不虞"的古训。

爱之深，责之严

释义 指爱得越深，要求就越严。

例句 班长今天犯错误了，被班主任狠狠地批评了一顿，我看这是"爱之深，责之严"，因为班主任很器重他。

教子不严父母过

释义 对子女教育不严格是父母的过错。

例句 "教子不严父母过"，为人父母，要严格教育孩子，才能给予孩子以正确的人生指导。

娘勤女不懒，爹懒儿好闲

释义 比喻父母的行为对子女的影响很大。也作：娘勤女不懒，爹懒子好闲。

例句 我们都奇怪她为什么那么勤快，家里总是收拾得一尘不染，直到见到她妈妈，我们才知道果然是"娘勤女不懒，爹懒儿好闲"。母亲对她的影响是最重要的原因。

杂草铲除要趁早，孩子教育要从小

释义 指对杂草的铲除要趁早，对孩子的教育要从小抓起。

例句 俗话说："杂草铲除要趁早，孩子教育要从小。"孩子都七八岁了，该送到学校识字了。

牛要耕田马要骑，孩子不管要顽皮

释义 指对少年儿童要严加管教，才能够使之健康成长。

例句 淘气的东东不论干了什么事，他爸爸都说："孩子还小，长大就懂事了。""牛要耕田马要骑，孩子不管要顽皮"，孩子的启蒙教育很重要，对孩子一定要从小严加管教，以免日久养成不良习惯。

树不修不成材，儿不育不成人

释义 树木不修整不能成材，子女不受良好的教育就难以成为有用之才。

例句 俗话说："树不修不成材，儿不育不成人。"咱们只要把孩子往革命的路上引，他们就能长成为有用的人。（海涛《硝烟》第五章）

树小扶直易，树大扳直难

释义 强调早期教育的重要性，比喻孩子有了缺点应及时纠正，等长大了就很难纠正了。

例句 少年时期是一个人良好品德形成的重要阶段，"树小扶直易，树大扳直难"，家长和老师一定要重视孩子的早期教育。

幼木长成材，成为栋梁柱

释义 比喻孩子现在看来虽小，但通过精心教育，他长大后便能成为栋梁之材。

例句 别看我们现在小，常言道："幼木长成材，成为栋梁柱。"多年后，再看我们的作为吧！

小树要砍，小孩要管

释义 小树要修枝、打杈，这样能让小树长得直、长得壮；孩子要管教，这样能让他们向好的方向发展。

例句 "小树要砍，小孩要管"，你把儿子惯得跟小皇帝似的，将来只会害了他！

知识窗

皇帝，是中国帝制时期最高统治者的称号。在上古三皇五帝时期，中国的最高统治者单称"皇"或"帝"，如羲皇伏羲、娲皇女娲、黄帝轩辕、炎帝神农等。

孩子像根杨柳条，怎么栽培怎么长

释义 指孩子在尚未长成之时，很容易受外界的影响而改变自己的观念，受什么样的教育便成为什么样的人。这里强调早期教育对孩子的重要性。

例句 "孩子像根杨柳条，怎么栽培怎么长"，每个孩子都有可塑性，成才与否关键在于他接受了什么样的教育。

幼苗不扶植，长大变弯木

释义 幼苗不经护理会长成弯木。比喻孩子从小应接受良好的教育，长大之后才能成为有用之才。

例句 这孩子小小年纪就染上了这么多陋习，"幼苗不扶植，长大变弯木",你作为孩子的母亲,我希望你能重视这个问题。

树不打杈要歪,人不教育要栽

释义 树木不修剪树杈,就会长歪;人要不受教育,迟早会栽跟头。

例句 "树不打杈要歪,人不教育要栽",所以人一定要受教育,否则很难在社会上立足,更别说成就一番事业了。

浇花要浇根,育人要育心

释义 想把花养育好就要浇灌根,想要教育好孩子就要关注孩子的心理。

例句 "浇花要浇根,育人要育心",这句话久久地回荡在每个老师的耳畔,激荡着大家的心灵。

百年大计,教育为本

释义 强调要想实现长期的发展计划,教育起决定性作用。

例句 常言道:"百年大计,教育为本。"可见人才培养是多么重要。

名师出高徒

释义 高素质、高水平的老师一般能够培养出一流的学生。

例句 俗话说:"名师出高徒。"要是老师写的字歪歪扭扭的,教出来的学生又怎能成为书法家呢?

火从小时救,人从小时教

释义 指火苗要从小时扑救,对人的教育要从小时抓起。也作:火从小时救,树从小时修。

例句 "火从小时救，人从小时教。"火只有在小的时候及时扑灭，才能避免火灾的发生；孩子只有在小时候抓紧进行教育，才能健康地成长。

会有状元徒弟，没有状元师傅

释义 告诉人们，学习一样东西，老师的教导只是起辅助作用，要真正学有所成，主要还是靠自己的努力。

例句 常言道，"会有状元徒弟，没有状元师傅"。老师的传授固然重要，但是最重要的还是自己的努力。

知识窗

状元，一般是指科举考试中，殿试考取一甲（第一等）第一名的人。另外，还比喻在本领域（本行业）中成绩最好的人。

近朱者赤，近墨者黑

释义 指处于什么样的环境就容易受什么样的影响。比喻环境对人的影响很大。

例句 "近朱者赤，近墨者黑。"因为环境对人的影响是潜移默化的，所以我们不能不谨慎地选择居住、学习的环境。

天地为大，亲师为尊

释义 指世间最大的是天地，最应该尊敬的是父母亲和师长。

例句 "天地为大，亲师为尊"，在我的心目中，老师和父母是一样可亲、可爱、可敬的。

响鼓不用重锤

释义 比喻聪敏睿智的人不需要太多教导，只要稍加指引，便能很快领悟。

例句 "响鼓不用重锤。"你是个聪慧的人，想想吧，我不会成心害你的。

师傅领进门，修行在个人

释义 修行：佛门用语，按照佛法要求修身养性。比喻要通过自己的努力和实践才能获得真本领，而凡事都想依靠别人是无法取得成就的。

例句 俗话说："师傅领进门，修行在个人。"我不过提醒提醒就是了，功夫是他自己学下的。（康式昭等《大学春秋》）

哪个人也不全，哪个车轮也不圆

释义 世上没有完美无缺的人，就像没有绝对圆的车轮一样。

例句 俗话说，"哪个人也不全，哪个车轮也不圆"。你就不要再挑三拣四了。

人不教不懂，钟不敲不鸣

释义 一个人如果不接受教育很难获得知识，就好像钟不敲永远都不会响一样。

例句 你对他再吼叫，也无济于事。"人不教不懂，钟不敲不鸣"，要想让他学会这道证明题，除非你耐心地给他讲解。

浪子回头金不换

释义 指不干正事、走过邪路的年轻人，如果能回头，改邪归正，这是比金子还要宝贵的。也作：浪子收心是个宝。

例句 他与狐朋狗友断交后，找到了一份稳定的工作，踏踏实实地干着，家人都感叹他是"浪子回头金不换"。

玉不琢，不成器

释义 美玉只有经过琢磨才能更有价值，比喻人只有通过不断的学习、磨炼，才能成为人才。

例句 先生所言不差，阿金确非凡品，但"玉不琢，不成器"，无名师难出高徒。（凌力《少年天子》）

知识窗

凌力，本名曾黎力，从事导弹工程技术工作12年后，于1978年调入中国人民大学清史研究所，开始历史研究和文学创作至今。她创作的长篇历史小说《少年天子》获得了第三届茅盾文学奖。

生活靠太阳，人才靠培养

释义 指美好的生活离不开阳光，人才的出现离不开培养教育。

例句 "生活靠太阳，人才靠培养"，教书育人是一份多么神圣的工作！

徒弟学问靠老师，灯的明亮靠灯油

释义 指青少年学习知识主要靠老师引导，这样才能学多、学精。

例句 父亲紧握王老师的手，说："老师，常言道'徒弟学问靠老师，灯的明亮靠灯油'，俺家孩子就交给您了，您多费心了。"

巧匠能使弯树成材，良师能使逆子归正

释义 意为灵巧的工匠能使弯曲的树成材，优秀的老师能使叛逆的学生改邪归正。

例句 "常言道，'巧匠能使弯树成材，良师能使逆子归正'。我们就把孩子交给您了，请您多费心，好好管教一下他。"那个中年妇人无奈地说。

能师孟母三迁教，定卜燕山五贵芳

　　孟子是战国时期著名的思想家，他很小的时候父亲就去世了，家里十分贫穷，但他的母亲并没有因此放弃对他的教育。

　　小孟子的家最初住在郊外，经常有人在他家后面的山坡上出殡。孟子每次都跑去看热闹，回到家后，就和几个小伙伴学着别人出殡的样子玩了起来。母亲看了很担心，为了让孩子健康成长，就把家搬到了集市边。不巧的是，这次邻居是个屠夫。屠夫经常在院子里杀猪。刚开始，猪的尖叫声让小孟子感到很害怕，可没过多久，小孟子就不怕了，又开始整天学着屠夫杀猪的样子玩，嘴里还高声模仿商贩叫卖："快来买呀！新鲜的猪肉喽……"母亲接受了前两次的教训，这次把家搬到了一个小学堂附近。这下，小孟子每天都跑到学堂的窗下去听讲。于是，母亲和小孟

104

子就在此定居下来，慢慢地，小孟子变了，他不但变得十分爱读书，还懂得了许多礼节。

也正是在母亲的教育下，孟子才学有所成。孟母三迁的故事，成为千古传诵的佳话。

五代时候有个人叫窦燕山，他家很富裕，而且他心地善良，经常救济穷人，据说他曾帮助27家处理后事，28个人家婚娶，至于资助别人柴米油盐维持生活的次数则数不胜数。后来他的妻子连续生下了5个儿子，他把全部的精力都用在培养教育儿子身上，不仅时刻注意让他们锻炼身体，还重视他们的学习和品德修养。在他的培养教育下，5个儿子都成为有用之才，先后登科及第。

当时有一位叫冯道的侍郎曾赋诗一首说："燕山窦十郎，教子有义方。灵椿一株老，丹桂五枝芳。"这里所说的"丹桂五枝芳"，就是对窦燕山教育儿子很成功的评价和颂扬。

由此可见，"能师孟母三迁教，定卜燕山五贵芳"的意思就是：如果能像孟母和窦燕山一样教育子女，那么子女一定能够学有所成。

【游戏室】

谚语连线

管人先管己	不管不教要变坏
火从小时救	人从小时教
严是爱，宠是害	身教胜言教

（答案见正文第21页）

言谈举止类 谚语

YANTAN JUZHI LEI YANYU

老王卖瓜，自卖自夸

释义 卖自己的瓜，自己去夸奖。比喻对于自己或者自己的东西过分吹嘘。

例句 你天天吹嘘你家的鸟有多么聪明，真是"老王卖瓜，自卖自夸"。

力微休负重，言轻莫劝人

释义 指力气小就不要承担重担，说话不被人重视就不要规劝别人。

例句 张奶奶明白"力微休负重，言轻莫劝人"的道理，张王两家求她的事情她只好去求助李村长来解决了。

话是开心的钥匙

释义 一番语重心长的谈话能启迪人，解开人心中的疙瘩，使人豁然开朗。也作：话是开心药 | 话是开心钥匙。

例句 "话是开心的钥匙。"别人一句善意的劝阻与开导，能让我们的内心豁然开朗，阴云消散。

话未说前先考虑，鸟未飞前先展翅

释义 指说话前一定要经过仔细考虑，这就像鸟在要飞前先要展一展翅膀一样。也作：话未说前先思考，鸟未飞前先展翅。

例句 常言道，"话未说前先考虑，鸟未飞前先展翅"。我们做任何事之前都要考虑周全，做好准备。

含血喷人，先污自己口

释义 恶语伤人，首先是玷污自己的清白，也是自取其辱。

例句 你不要胡编乱造，污我清白，要知道"含血喷人，先污自己口"。

言巧不如理真

释义 花言巧语掩盖不住真理。

例句 尽管你强词夺理，巧舌如簧，但"言巧不如理真"，到头来是非自有公论。

蛇毒在牙齿，人毒在舌头

释义 蛇之所以毒，因其牙齿附近的毒腺充满毒液；人之所以狠毒，是因为说话不讲方式，语出伤人。

例句 "蛇毒在牙齿，人毒在舌头"，王婆子说话真歹毒，想把罪责推到刘二牛身上。

一言能惹塌天祸，话不三思休启口

释义 一句话可能招来天大的灾祸，话要经过反复考虑再开口说。

例句 "一言能惹塌天祸，话不三思休启口"，大臣们在皇帝面前谨小慎微，真是伴君如伴虎哇！

宁吃过头饭，莫说过头话

释义 比喻说话要把握分寸，不说不切实际的话。

例句 "你们如果造一条河，奶奶饭不吃，一口气把它喝干！""奶奶啊，'宁吃过头饭，莫说过头话'。"（刘澍德《同是门前一条河》）

说话要真，喝水要清

释义 说话要说实话，犹如喝水要喝清水一样。

例句 大丈夫"说话要真，喝水要清"，你整天胡话连篇，累不累呀？

三人六样话

释义 强调同一件事，每个人说法不一，彼此各有各的说法。

例句 不必再问了，"三人六样话"，最终的主意还是得你自己拿。

驴唇不对马嘴

释义 比喻两个人说的话没有关联之处。也作：牛头不对马嘴。

例句 课堂上小明对老师提出的问题，回答得"驴唇不对马嘴"，一下子就把同学们逗笑了。

偶然犯错叫作过，存心犯错叫作恶

释义 偶然做错了事情是过失，故意做错事情是作恶。也作：偶然犯错误叫作过，存心犯错误叫作恶。

例句 "偶然犯错叫作过，存心犯错叫作恶。"他属于哪种人，我相信大家都看在眼里了。

问路先施礼，少走十来里

释义 问路的时候有礼貌，就会得到人们真诚的指点，少走冤枉路。

例句 "问路先施礼，少走十来里。"不过一句简单的客套话，往往就可以帮我们少走很多冤枉路。

坐有坐相，睡有睡相，睡觉要像弯月亮

释义 指坐姿、睡姿都要正确，睡觉的时候身体为弯月的形状。

例句 "坐有坐相，睡有睡相，睡觉要像弯月亮。"生活习惯要正确，做事也要讲究章法。

但行好事，莫问前程

释义 指劝人多做好事，不要考虑个人的得失。也作：但知行好事，莫要问前程。

例句 助人且为乐，就让我们"但行好事，莫问前程吧"！

火候不到不揭锅

释义 提示人们，当时机不成熟的时候一定不要急于求成。

例句 做事情就像是家里煮饭，"火候不到不揭锅"，只有时机成熟才会事半功倍。

救人须救急

释义 救助人应当在人危急之时。

例句 "常言道，'救人须救急'。他现在正在危难关头，作为朋友你理当伸出援手。"妻子对他说。

伸手不打笑脸人

释义 说明自知理亏又赔以笑脸的人是可以谅解的，用不着惩罚。指宽以待人，方可化解矛盾。也作：伸手不打笑面人。

例句 "伸手不打笑脸人。"他已经诚恳道歉，不如原谅他吧。

君子不夺人所好

释义 品德高尚的人不会夺取别人喜好的东西。也作：君子不夺人之好 | 君子不夺他人之爱。

例句 "'君子不夺人所好。'这件根雕既然是您的宝贝，我自然是不会贪求的，只求一观而已。"他笑着说。

君子千言有一失，小人千言有一当

释义 指地位高的人说话多了难免失当，地位低的人说话也不是全无道理。

例句 "君子千言有一失，小人千言有一当。"他虽然是刚考进来的小科员，可是正因为如此他才真正了解现在大学生就业的情况，所以在这个问题上我们也得多听听他的意见。

刀利割手，话利伤心

释义 刀子太锋利就会割破手指，话语太犀利会伤别人的心。

例句 为人处世，一定要注意说话方式，"刀利割手，话利伤心"，不要因为一句话而伤了别人的感情。

衣长碍足，语多失言

释义 衣服过长有碍走路，话说得太多可能有不当的地方。

例句 儿子要去相亲，母亲千叮咛万嘱咐："'衣长碍足，语多失言'，你去人家家里时，尽量少说话。"

看其面不如听其言，听其言不如察其行

释义 要想正确认识一个人，看他的外表不如听他说的话，听他说的话不如观察他的行为。

例句 "看其面不如听其言，听其言不如察其行。"一个人怎么说不重要，怎么做才最重要，行动最能表现他的内心。

看碗知酒量，看伴知德行

释义 看一个人的酒杯就能知道他的酒量，看一个人的朋友就能知道他的品德如何。

例句 俗话说，"看碗知酒量，看伴知德行"。看他平时交往的朋友，都是知书达理的人，他一定也很讲理，你就再跟他谈谈吧！

靠人不如靠己

释义 靠别人不如靠自己。劝告人们，不要有依赖思想，要自力更生，发愤图强。也作：靠人不如靠自己。

例句 "俗话说，'靠人不如靠己'。与其在这里等他们回信，还不如我自己去看看。"他心里这么想着，便走出了大门。

撩蜂吃蜇

释义 提示人们，不要自找麻烦，自讨苦吃。

例句 人尽皆知，他是有名的无赖，你竟然去管他的事情，这根本就是"撩蜂吃蜇"。

好话要说在点子上，烤肉必须穿在签子上

释义 比喻说话做事要抓住要害，这样才能起到关键性作用。

例句 出事那天晚上，刘麻子到底去哪儿了？"好话要说在点子上，烤肉必须穿在签子上"，要想赢这场官司，我们必须找到刘麻子当时在出事地点的证据。

两人打架，不怪一人

释义 比喻出了事情或者有了矛盾，不能单怪其中一方。

例句 "两人打架，不怪一人。"这次小张和小强打架的事情他们都是有责任的，以后咱们还是好好教育自己的孩子吧！

路在嘴边

释义 行路不熟悉时，要随时向人问路，这样就不会迷路。

例句 一个人去陌生的地方，只要记得'路在嘴边'，你就永远不会迷路。

己所不欲，勿施于人

释义 提示人们，不要把自己不喜欢的东西施加在别人身上。

例句 "既然你不喜欢被人起外号,那你也不要给别人起外号,这就叫'己所不欲,勿施于人'。"语文老师解释说。

笑口常开,青春常在

释义 指保持乐观愉快的情绪,可永葆青春。

例句 姐姐生日的时候,我对她说:"祝你'笑口常开,青春常在'。"

实话驳不倒,谎话怕追究

释义 真实的话,谁也无法把它驳倒;谎话一追究就会暴露。劝诫人要讲实话。

例句 "实话驳不倒,谎话怕追究",只要我们放出风去,一定追查到底,他们自会惊慌失措,露出马脚的。

是非只因多开口,烦恼皆因强出头

释义 话说得太多会招惹是非,强出头会带来烦恼。

例句 小昆仑郭顺听和尚说话不通情理,自己有心翻脸,后又一想:"'是非只因多开口,烦恼皆因强出头',我何必跟他为仇作对!"(《济公全传》第二百二十二回)

闲话不御寒,空话不抵饿

释义 御:抵挡。闲言碎语或者空谈无法解决实际问题,起不了关键性作用。

例句 跟大伙儿谈话的时候,一定要抓住重点,"闲话不御寒,空话不抵饿",没用的话说多了,就会引起大家的反感。

大水没有杂音，贤人没有狂言

释义 比喻贤德的人从不口出狂言。

例句 "大水没有杂音，贤人没有狂言"，周博平时为人正派，一定会言出必行的。

言出如山

释义 指话一旦说出去，就不能改变。

例句 "言出如山"，你怎么还反悔？

君子一言，重于九鼎

释义 九鼎：青铜器的名称，传说为夏禹所铸。比喻话说出来，就不能随意更改。

例句 "君子一言，重于九鼎"，岂有反悔之理？

学老牛勤耕田，莫学鹦哥尽练嘴

释义 比喻做人要踏实肯干，不能只讲空话。

例句 年轻人要"学老牛勤耕田，莫学鹦哥尽练嘴"，脚踏实地地做事才是硬道理。

莫说得天花乱坠，莫做得分文不值

释义 说话要符合实际，不可捕风捉影；做事要踏踏实实，不可敷衍塞责。

例句 不论你是做什么的,"莫说得天花乱坠,莫做得分文不值",否则你将信誉全无。

一人传虚,万人传实

释义 原本没有的事情,一个人说出来令人质疑,多个人说就让人信以为真了。

例句 俗话说:"一人传虚,万人传实。"王主任本来只是出差了,被人们一传十、十传百地说成是调走了。

人到百年的少,话留千年的多

释义 人活到百岁的很少,但流传千古的话却很多。

例句 "人到百年的少,话留千年的多",古人为我们留下了无数至理名言。

光说不练假把式,光练不说傻把式

释义 光说不练的不是真正的行动者,光练不说的人不是聪明人。

例句 "'光说不练假把式,光练不说傻把式。'在职场中,你不仅要实干,还要学会推销自己。如果你不发光,没人知道你是金子。"爷爷对刚入职场的小王说。

谣言腿短,理亏嘴软

释义 指谣言不会流传太久,自知理亏说话便会心虚。

例句 那个生意人搞缺斤短两的把戏,终于被顾客察觉,平时伶牙俐齿的他,憋得满脸通红,哑口无言。真是"谣言腿短,理亏嘴软"。

人不求人一般大，水不下滩一样平

释义 比喻做人只要自立就能有尊严。也作：人不求人一般大，水不下海一样平。

例句 直到不得不向人低头哈腰，他才体味到"人不求人一般大，水不下滩一样平"的道理。

观其外，知其行；观其友，知其人

释义 对一个人，通过观察他的外在能够了解他的行为；通过观察他的朋友能够知道他的品格。

例句 "'观其外，知其行；观其友，知其人。'如果你真想了解他的为人，看看他身边的朋友就行了。"表姐对我说。

观棋不语真君子，举手无悔大丈夫

释义 棋场中的价值观，指棋场外观棋不语的是真君子，棋场中落棋不悔的是大丈夫。也作：观棋不语真君子，落子无悔大丈夫。

例句 "俗话说，'观棋不语真君子，举手无悔大丈夫'。您这么大岁数了，怎么还跟小孩子一样？悔棋可不行！"他连忙拉住爷爷，把棋子放回了原位。

和事不丧理，让人不为低

释义 调解矛盾和争端，不是丧失真理；谦让他人，不是低三下四。

例句 生活中的我们应该切记"和事不丧理，让人不为低"。化解矛盾、谦让他人并不代表我们弱小，而是代表我们有风度。

会做的不如会算的

释义 指计划好一件事比做事的过程更重要。

例句 俗话说，"会做的不如会算的"。只有把事情计划好，做到胸有成竹，才能使事情进展顺利。

若要人不知，除非己莫为

释义 指干坏事总会有人知道。

例句 他窃取了别人的网络银行信息，提取了大量现金，自觉天衣无缝，但要知道"若要人不知，除非己莫为"，警方最后还是根据他的作案痕迹将他一举抓获。

同行不揭短，揭短砸人碗

释义 指从事同类工作的人不能相互揭露对方的老底和短处，否则会造成损害，就好比砸了人家的饭碗。

例句 他恪守"同行不揭短，揭短砸人碗"的规矩，面对孩子们那好奇的眼神，他始终不肯透露这个传统魔术的奥秘。

挂羊头卖狗肉

齐国的国君齐灵公有个奇怪的癖好，那就是爱看女人穿男人的服装，并喜欢让女人按照男人的样子打扮。为此，他常叫宫中妇女穿戴男子服饰，同他一起玩乐，他认为很有趣。不料全城妇女因此都穿起男服来，她们穿着宽大的袍子，还加了一根腰带，这种装束一时间成了都城里风行一时的时髦女装。

这下子，女穿男装，男女不辨，这是一种很不正常的现象。一段时间后，齐灵公也意识到了这一点。于是，他又让官吏们去禁止此事，他还特地下了一道命令："今后凡是女子穿男子衣服的，一经发现，就撕破她的衣服，割断她的衣带。"

齐灵公认为，采取这样严厉的措施，一定能制止女穿男装的现象。不料，结果并非如此。尽管各级官吏纷纷派人四处执行"撕袍割带"的命令，却怎么也禁不住。女子穿男装的风尚依然像"野火烧不尽，春风吹又生"的草儿一样，仍然有许多女人穿男子的衣服……

有一天，齐灵公见到了晏子，他毕恭毕敬地向晏子请教说："我已经下了命令，禁止女子穿男子的服装。一经发现，就撕破她们的衣服，割断她们的衣带。可是，这种现象为什么仍然制止不了呢？"

晏子沉思了一会儿，说："您让宫中的女子都穿男子的服装，却禁止宫外的女子穿男子的服装。这就好比门外悬挂着羊头，而门内卖的却是狗肉，怎么能让人信服呢？您为什么不首先在宫中禁止女穿男装呢？这样，您言行一致，政令统一，外面的人自然也就不敢违抗命令了。"

齐灵公听了，似有所悟，于是他就下令在宫中禁止女子穿男装。这下，这个歪风总算是煞住了。

"挂羊头卖狗肉"，原指打着好招牌，卖劣质货，现在用来形容表里不一。

这个故事告诉我们：一个普通人的言谈举止非常重要，影响也非常大。因为言谈举止不但能反映出自身的修养水平，而且还能看出一个人处世的能力。一个身居高位的人，更要表里如一，言行一致。

【游戏室】

谚语填空

◆卖瓜的不说（　　　　　　　）

◆马上摔死（　　　　　　　），河里淹死（　　　　　　　）

◆利人之言，暖如（　　　　　）；伤人之言，痛如（　　　　　　）

（答案见正文第73页）

成败类 谚语

CHENG BAI LEI YANYU

失之东隅，收之桑榆

释义 东隅：日出的地方，借指清晨。桑榆：日落的地方，落日的余晖照在桑、榆树梢，借指黄昏。早上失去了，傍晚又补回来。比喻这个时候失败了，另一个时候得到了补偿。

例句 看着失而复得的重要材料，他长吁了一口气："'失之东隅，收之桑榆'，我心里的石头总算落地了！"

不吃苦中苦，难为人上人

释义 意为没有经过艰难与坎坷，就不能成为出众的人。也作：不吃苦中苦，难得人上人｜不吃苦中苦，难做人上人。

例句 "不吃苦中苦，难为人上人。"古往今来那些成功的人都经历了无数的风雨，都尝遍了生活的艰辛。

成事不足，败事有余

释义 指有的人不但办不成事情，反而把事情办砸了。

例句 他这个人办事毫无章法，简直是"成事不足，败事有余"。

车快了要翻，马快了要颠

释义 做事不要一味追求快，快容易失误，稳妥行事才会达到满意的效果。

例句 "车快了要翻,马快了要颠。"一味地急功近利反而难以成功。

成事皆因多远虑,败事都由少思考

释义 深谋远虑,做事就容易成功;缺少思考,事情就容易失败。也作:成事全靠多计谋,败事都因太盲目 | 成事唯有多谋虑,败事都因少思考。

例句 "成事皆因多远虑,败事都由少思考。"乐于思考对于成功有着积极的作用。

成事在天,谋事在人

释义 事情能否成功在于上天,但谋划经营的过程要靠人。多指做事要尽心尽力,不要过于在乎结果。

例句 "成事在天,谋事在人。"只要尽心竭力,就可以坦然面对任何结果。

吃一堑,长一智

释义 指受一次挫折,便增长一分才智。

例句 我们不但要学会吸取成功的经验,还要学会"吃一堑,长一智"。

出言顺人心,做事循天理

释义 循:依照,沿袭,遵守。说话应该顺应别人的心意,这样才能获得别人的好感;做事情应该顺应天理,这样做事情也容易成功。

例句 "出言顺人心,做事循天理。"这句话告诉我们,为人处世要知情达理,这样才更容易赢得别人的好感,获得成功。

光说不干，事事落空；又说又干，马到成功

释义 告诫人们，只说不练是不可能成功的。

例句 俗话说，"光说不干，事事落空；又说又干，马到成功"。可惜，很多人都很难做到出口即行，所以成功者才会寥寥无几。

良好的开端是成功的一半

释义 做事情时如果能把开端开好，就成功一半了。

例句 "良好的开端是成功的一半。"你一定要坚持下去，相信自己，成功就在不远的前方等你。

水中捞月一场空

释义 比喻做事情应符合实际，否则会导致失败，白白浪费精力，一无所获。

例句 他报告："鬼子是'水中捞月一场空'，什么线索也没找到，乡亲们早从地道安全转移了。"

捡了芝麻，丢了西瓜

释义 只注重小事情却忽略了大事情。比喻因小失大，得不偿失。

例句 作为在校学生，千万不要因为网络游戏耽误了正常的学业，以免"捡了芝麻，丢了西瓜"。

没有过不去的火焰山

释义 指无论遇到多大的困难，都能战胜。也指做事有坚定的信心，便

可取得胜利。

例句 "俗话说：'没有过不去的火焰山。'一切都会过去的，你不要太难过。"朋友安慰我。

放长线钓大鱼

释义 比喻做事要早作打算，从长计议，才会有更大的收益。

例句 邓秀梅低声地、机密地说道："我们不妨看看他们如何活动，放长线钓大鱼，说不定深水里还有大家伙。"（周立波《山乡巨变》）

一失足成千古恨，再回头是百年身

释义 百年身：死的委婉说法。一旦酿成大错就会遗恨终生，到死都无法弥补。

例句 "一失足成千古恨，再回头是百年身。"行事前一定要三思，别给自己留下终生遗憾。

不以成败论英雄

释义 不把成功失败作为评价一个人的唯一标准。

例句 我从来都"不以成败论英雄"，你虽然没有得冠军，但是你比赛时的镇静与豪气，让我佩服不已。

机不可失，失不再来

释义 机会一旦来了，就要好好珍惜，万一失去就再也回不来了。

例句 俗话说"机不可失，失不再来"，我们要抓住现在的有利时机，大干一场。

路是人开的，树是人栽的

释义 比喻事情的成败是由人本身决定的。也比喻成事在人。

例句 眼前是困难，咱们要克服，搞好生产。政府会支援我们的。"路是人开的，树是人栽的。"只要咱们不被大水吓倒，还是可以搞好生产，增加收入的。（李尔重《战洪水》）

临事而惧，好谋而成

释义 遇到事情要谨慎小心，善于谋划，这样办事才容易成功。

例句 "临事而惧，好谋而成。"凡事要谨慎小心才可能取得成功。

临渊羡鱼，不如退而结网

释义 要想达到某种目的，与其空想，不如实际去做。

例句 "临渊羡鱼，不如退而结网。"当我们看到别人骄人的成绩时，我们要做的是加倍努力去追上别人，而不是去诋毁或背后中伤他人。

只因一着错，满盘都是空

释义 走错关键的一步，会导致全局失败。也作：只因一着错，输了满盘棋。

例句 "只因一着错，满盘都是空！"他后悔不已，痛恨自己当初没能认真一点儿。

百年成之不足，一朝坏事有余

释义 指成就一件事十分艰难，有一点儿疏忽就可能会导致整个事情的失败。也作：百年成之不足，一旦坏之有余。

例句 别以为你只是犯了个小错误，有道是"百年成之不足，一朝坏事有余"，这么多天的努力都白费了。

牛角长了总会弯，人心贪了准失败

释义 告诫人们，不要贪心，贪心的人一定会失败。

例句 要学会知足常乐，不知满足可能会带来不好的结果，因为"牛角长了总会弯，人心贪了准失败"。

怕摔跤爬不上山，怕失败干不成事

释义 告诫人们，要想把事情做成，就要不怕困难和失败。

例句 "怕摔跤爬不上山，怕失败干不成事。"即便是困难重重，我们也要勇敢面对。

胜而不骄，败而不怨

释义 取得了胜利不要骄傲，失败了也不要怨恨。

例句 对待人生中的挑战，我们都要学会"胜而不骄，败而不怨"，从成功中提炼经验，从失败中汲取教训，不断完善自己。

失败是成功之母，骄傲为失败之因

释义 告诫人们，骄傲会导致失败，从失败中吸取教训，才能获得成功。也作：失败是成功之母 | 失败为成功之母。

例句 "失败是成功之母，骄傲为失败之因。"能从失败中汲取教训就能为下一次的成功作好铺垫；若在成功面前盲目自满，只会导致更惨痛的失败。

十网九空，一网成功

释义 比喻虽然经历了一次又一次的失败，但只要坚持不懈就会一举成功。也作：十网九网空，一网就成功。

例句 "十网九空，一网成功。"面对一而再，再而三的失败，我们更需坚定信心，最痛苦的时刻往往也是最接近成功的时刻。

在胜利之后，也要拉紧盔甲的带子

释义 指居安思危，不要因眼前的胜利而掉以轻心。

例句 司令员说："俗话说，'在胜利之后，也要拉紧盔甲的带子'，我们切不可轻敌啊！"

> **知识窗**
>
> 盔甲，是人类在武力冲突中保护身体的器具，也叫甲胄、铠甲。其中盔与胄都是指保护头部的防具；铠与甲是保护身体的防具，主要是保护胸腹的重要脏器。

人无远虑，必有近忧

释义 做人要有远见，如果没有长远周到的考虑，忧患很快就会到来。指人要考虑得长远一些。

例句 "人无远虑，必有近忧。"这句古老的谚语充满了先人的智慧，它告诫我们要未雨绸缪，不要只看眼前的事物，而忘却了人之所以积极奋斗的远景期待。

闲时做来急时用，渴了挖井不现成

释义 空闲时就要准备好要用的东西，以备将来急需时使用，等到口渴时才想到去挖井已经太晚了。比喻做事应深谋远虑。

例句 家乡的妇女冬天也都不闲着，有的修补家里的农具，有的缝补衣服，因为她们都明白"闲时做来急时用，渴了挖井不现成"的道理。

竭泽而渔，日后没鱼

释义 指一次把鱼捕尽，日后再也捕不到鱼了。强调做事应作长远打算。

例句 常言道："竭泽而渔，日后没鱼。"凡事不要做绝了，要留有一定的余地，与人方便，才能与己方便。

山水未来先筑堤，未到河边先脱靴

释义 事先把堤岸筑好以防洪水侵袭；快到河边时就要把靴子脱掉以防被水打湿。比喻做事之前要做好一切防范措施。

例句 俗话说："山水未来先筑堤，未到河边先脱靴。"我们这儿安装了防洪报警器，在山洪暴发之前，百姓们早已安全转移了。

智者千虑，必有一失；愚者千虑，必有一得

释义 聪明人处理问题多了，也会有考虑不周而失误的时候；愚笨人如果经多次考虑，也会有想到好对策而获得成功的时候。也作：智者千虑，必有一失。

例句 古人说，"智者千虑，必有一失；愚者千虑，必有一得"。这套方案是我仔细考虑过的，应该有点儿用吧。

多行不义必自毙

春秋初，郑武公的夫人姜氏生了两个儿子，大的叫寤生（倒着出生叫寤生），小的叫段。但她却偏爱小儿子，不喜欢大儿子。这是为什么呢？她认为倒着生下来的儿子是不吉利的人。而小儿子段，长得一表人才，武艺高强，善解人意。

姜夫人就多次对武公说："段贤德过人，应该继承你的位置。"但是武公每次都回复她说："长幼有序，这是规矩。况且寤生没有过错，不能废长而立幼！"他这话总是让姜夫人非常愤怒。因为武公只分封给段一座小小的共城，所以后人称段为"共叔段"。

后来，武公过世，寤生即位，即郑庄公。姜夫人见共叔段没有什么权势，就对庄公说："你继承父位，拥有国土数百里；而你弟弟仅有一个能容身的小城，你于心何忍！"庄公唯唯诺诺，低下头说："是的……但是，母亲您有什么好的建议吗？"姜夫人见大儿子性格软弱，就得寸进尺地说："那你就将京城分封给他吧！"京城是当时郑国除了都城

128

外最重要的城市。郑庄公无奈，只能说："好……我和大臣们商量一下吧！"

然而最后因为郑庄公不敢违抗母亲的命令，讨论开始的时候如火如荼，结束的时候却草草收场。得了京城后，大喜过望的共叔段谢恩完毕，意气风发地进宫来辞别姜夫人。姜氏却对这个结局并不满意，她让手下人都退下，压低声音对共叔段说："儿子，你不要满足于眼前的这点儿小利益。你哥哥不念同胞之情，对你薄情寡义。你要暗中屯兵，日夜操练，囤积粮草，以图谋大业。一旦有机可乘，我就给你写信，在内部接应你，帮你夺取王位。"共叔段答应了母亲，欢天喜地地前往京城居住。

共叔段到了京城后，倚仗着母亲的支持，就私自招兵买马，暗中训练军队，囤积粮草，想等待机会下手，夺取哥哥的王位。

消息传到了国都，大臣祭仲等人很替郑庄公担忧，劝郑庄公趁早作打算，教训一下共叔段。郑庄公说："坏事干得多了，必定会自取灭亡，你们就等着瞧吧！"

后来，共叔段果然趁郑庄公去洛阳朝见周天子时，由母亲做内应，发动了叛乱。但郑庄公早有防备，朝见周天子也只是个幌子。他很快就带领人马杀回来，击败了共叔段，共叔段只好自杀了。

"多行不义必自毙"，比喻坏事干尽，必将自取灭亡。

【游戏室】

谚语连线

覆水	必有落地时
多用兵	兵无常胜
风无常顺	不预则废
凡事预则立	不如巧用计
鹅毛飞上天	不可复得

（答案见正文第150页）

国家类 谚语

GUOJIA LEI YANYU

安不可忘危，治不可忘乱

释义 指国泰民安时不要忘记潜在的危险，国家安定了也不要忘记还可能出现战乱。

例句 现在我们虽然欣逢盛世，但"安不可忘危，治不可忘乱"，千万不可放松警惕。

安乐须防患难时

释义 指国家在安宁平静的日子里，需要防备潜在的困难和危险。告诫人民始终要有居安思危的意识。

例句 天有不测风云，"安乐须防患难时"，此乃明智之举。

不怕头断身裂，爱国志坚如铁

释义 强调爱国之心如钢铁般坚固，为了祖国的利益不惜牺牲自己的性命。

例句 无数革命烈士做到了"不怕头断身裂，爱国志坚如铁"，他们将永垂不朽。

存不忘亡，安不忘危

释义 生存时不忘死亡，安定时不忘灾难。告诫人们身处太平盛世也要防备不测风云。

例句 大到一个国家，小到一个家庭，都应懂得"存不忘亡，安不忘危"，以防患于未然。

得人心者得天下

释义 得到民心的人才能得到天下。现在也指做事只有赢得人心，才能获得成功。

例句 俗话说得好："得人心者得天下。"你在处理这件事时，一定要顺乎民心。

知识窗

唐代魏徵提出的"怨不在大，可畏惟人，载舟覆舟，所宜深慎"说的就是"得人心者得天下"的意思。

得贤者昌，失贤者亡

释义 指能得到贤人的辅佐，国家必定繁荣昌盛；反之，国家就会逐渐衰亡。

例句 周瑜说："自古'得贤者昌，失贤者亡'。当今之计，须求高明远见之人为辅，才可定江东。"

听传言，失江山

释义 流言蜚语会使人蒙受重大损失。也作：听传言失落江山。

例句 "听传言，失江山。"对未经证实的街谈巷议，千万不可相信。

千金难买天下稳

释义 人民安居乐业，是金钱买不到的。

例句 常言道，"千金难买天下稳"。在当前的形势下，稳定对国家来说是大事，安居对百姓来说也是大事，马虎不得。

国正人心顺，官清民自安

释义 国家执法严明，人心才能顺服；官员清正廉洁，老百姓自然能安居乐业。

例句 钦差正襟危坐，厉声说道："'国正人心顺，官清民自安。'你管辖的范围内，百姓叫苦连天，你这个官是怎么当的？"县官听了，不由得双腿瑟瑟发抖。

民之多幸，国之不幸

释义 幸：侥幸。如果老百姓中心存侥幸的坏人多了，国家就要遭受不幸。

例句 常言道，"民之多幸，国之不幸"。现在咱们老百姓都勤勤恳恳，不心存侥幸，我们的祖国一定会繁荣富强的。

水涨船就高，国富民自强

释义 比喻事物随着它所凭借的基础的提高而提高，正如船随着水的升高而升高，国家富裕了，人民自然就强大了。

例句 "水涨船就高，国富民自强。"国民经济水平提高了，人民的生活自然会变得富足起来。

天下大势，分久必合，合久必分

释义 旧时认为，国家政权统一时间久了，矛盾就会激化，国家就会分裂；国家分裂时间长了，也自然会得到统一。

例句 中国古代，和平时代与战乱时代总是交替出现的，因而古人形成了"天下大势,分久必合,合久必分"的观念。

天下官管天下人

释义 官吏要负责管理百姓。

例句 "天下官管天下人。"我们身为警察,就更应该时刻留意社会治安问题。

天下人管天下事

释义 人世间的事,人人都能管。

例句 "天下人管天下事。"如果有人刻意损害公众利益,其他人当然有资格指责他。

天下兴亡,匹夫有责

释义 对于国家的兴衰,每个普通老百姓都有责任。

例句 爷爷虽然从小没读过什么书,但他懂得"天下兴亡,匹夫有责"的道理。外敌来犯时他毅然参军,为保家卫国尽自己的一份力。

天子犯法,与庶民同罪

释义 庶民:平民,百姓。法律面前人人平等。

例句 "天子犯法,与庶民同罪",一个没有特权阶级的社会才是一个真正理想的社会。

国不可一日无君,军不可一日无帅

释义 国家不能一天没有君主,军队不能一天没有将帅。

例句 "俗话说，'国不可一日无君，军不可一日无帅'。现在我们就集体推选出一位厂长来。"他站在台上对工人大声说。

为国者不顾家

释义 一心为了国家事业的人，容易忘记照顾自己的家。

例句 "为国者不顾家。"领导人往往心系国家大事而忽略了对小家的照顾，他们的付出和牺牲都是为了祖国更加昌盛，人民更加富裕。

位卑未敢忘忧国

释义 地位虽然低下，却不敢忘记为国担忧。

例句 虽然学生的力量渺小，但是"位卑未敢忘忧国"，这些热血青年毅然加入救灾一线。

凤凰落地不如鸡，老虎离山不如狗

释义 比喻官吏失去了权势还不如一般的百姓。也作：凤凰落架不如鸡。

例句 他如今是"凤凰落地不如鸡，老虎离山不如狗"。被罢免后，之前阿谀奉承他的人都渐渐对他疏远起来。

> **知识窗**
>
> 凤凰，是中国古代传说中的百鸟之王，与龙同为汉族民族图腾。凤凰与麒麟一样是雌雄统称，雄为凤，雌为凰，总称为凤凰，常用来象征祥瑞。亦称为丹鸟、火鸟、威凤等。

安在得人，危在失士

释义 有贤士相助，江山便可以稳固；如失去了贤士，江山将面临危险。

例句 学校的运动会就要召开了，二班的长跑健将却转到我们班了。

"安在得人，危在失士"，二班的班主任都急成什么样了！

手中有粮，心中不慌

释义 说明只要有粮食储备，人心里就踏实。强调粮食对国计民生的重要性。

例句 "手中有粮，心中不慌。"一个国家要想稳定，就要确保百姓丰衣足食。

衣食足而后礼义兴

释义 老百姓衣食丰足之后，才会去崇尚礼义。

例句 我国有句古话："衣食足而后礼义兴。"精神文明的发展离不开物质基础。

天高皇帝远，有冤无处申

释义 旧时偏僻的地方，土豪官吏把持一方，正义得不到伸张，人们即使有冤屈也无处申诉。

例句 自从妈妈去外地出差，每天晚上爸爸都不让他看电视，这可真叫"天高皇帝远，有冤无处申"，难受得他天天盼着妈妈回家。

官风正，民风清

释义 指当官的廉洁，社会风气就会清正。

例句 "俗话说，'官风正，民风清'。我们政府官员一定要洁身自好，为群众做好榜样。"他在廉政建设会议上说。

官以民为本，民以食为天

释义 当官的要以老百姓的利益为根本，而老百姓的根本问题是吃饭。

例句 "'官以民为本，民以食为天。'我们不仅要解决老百姓的吃饭问题，还要让他们吃得饱、吃得好。"在扶贫会议上，他对各级官员说道。

湖广熟，天下足

释义 湖广地区土地广阔、肥沃，运输方便，如果这些地区获得了丰收，全国的粮食就充足了。

例句 "湖广熟，天下足。"这话说得一点儿没错，今年湖广地区的收成这么好，国家粮库肯定又囤积得满满的。

铁打的衙门，流水的官

释义 衙门：旧时官吏办公的地方，官署。衙门好像铁打的一样，长期存在；官员却像流水一样，时常更换。也作：铁打的营盘，流水的兵。

例句 三年以来，局里的干部已换了好几茬，这真是"铁打的衙门，流水的官"啊！

豹死留皮，人死留名

五代时期，梁朝名将王彦章跟随梁太祖朱温南征北战，屡立战功，深受重用。

他骁勇有力，每战常为先锋，持铁枪驰突，奋疾如飞，军中号为"王铁枪"。后唐攻打后梁，兵临城下。后梁危在旦夕，后梁皇帝临时授命王彦章出城退敌。王彦章手下只有一百多名士兵。这些士兵都是新招募的，不懂战术，又年少没见过世面，很快就乱了阵脚。加之双方兵力悬殊，王彦章这一方，显然不是后唐强兵的对手。

于是，激烈的战斗开始不久，就只剩下王彦章一人还在跃马挥戈，奋勇杀敌。他身上已有多处受伤，鲜血染红了战袍，但他仍然毫不退缩，愈战愈猛。

就在这时候，发生了一件意外的事——后唐将军夏鲁奇喊了一声他的名字，王彦章听到有人喊他，顿时一愣，就在他这一愣神的时候，一个敌人眼疾手快，一枪刺中王彦章的胸膛，他当即滚下马背，不幸被俘。

夏鲁奇一向敬重王彦章，多次劝他投降，但都遭

137

到拒绝。王彦章虽然是武将，不认识几个字，但他却说："'豹死留皮，人死留名'，我不能做没气节的事！"

后唐皇帝庄宗李存勖见到王彦章，对他说："你经常把我当成小孩子来轻看，今日还不服气吗？"庄宗见王彦章没有说话，就离开了。但他知道王彦章勇武善战，想让他为自己效力。

于是，庄宗命人用话试探王彦章，王彦章说："我出身平民，在本朝屡受提拔重用，而且和你们对峙作战达十五年之久。今天兵败被俘，死也很正常。皇帝（指李存勖）纵然看重我，宽恕我，可哪儿有为臣为将的早上侍奉后梁，晚上改换门庭侍奉起后唐的道理？要是投降了，我还有何面目见人？"

最后，王彦章忠心耿耿，宁死不降，尽了臣子的本分，被后唐杀了。

"豹死留皮，人死留名"，这句话告诉我们人活一世，要忠诚，要爱国，要多做有益于国家和社会的事，留下好名声。

积累卡

与地方特色相关的谚语

1.贵州无天理，十里当五里　2.桂林山水甲天下，阳朔山水甲桂林　3.半山腰里住人家，屋顶有路过车马　4.烟台苹果莱阳梨，不如潍县萝卜皮　5.秦岭山脉一条线，南吃大米北吃面　6.西安碑林大雁塔，名声赫赫传天下　7.西方有个芭蕾舞，东方有个花鼓灯

答案

抓住荷花摸到藕 —— 寻根究底

张飞吃豆芽儿 —— 小菜一碟

在鲅鱼背上翻跟斗 —— 想得倒简单

运动员赛跑 —— 争分夺秒

季节类 谚语

JIJIE LEI YANYU

百年难遇岁朝春

释义 岁朝：阴历正月初一。春：立春。意为正月初一立春百年也难以遇到。比喻极其难得的好事。

例句 "百年难遇岁朝春。"今年立春恰好是正月初一，这可是吉兆，收成肯定要比往年好。

春发东风连夜雨

释义 如果春季里刮起东风，那么随后可能会下几夜的雨。

例句 "春发东风连夜雨。"春天傍晚一定要及时收回衣服，不然就可能被雨淋。

春不减衣，秋不加帽

释义 指春秋两季天气变化无常，因而春天不应该急着脱衣，秋天不应该急着戴帽。

例句 "春不减衣，秋不加帽。"春、秋两季，天气多变，我们应随着天气变化来添减衣物。

一场春雨一场暖，一场秋雨一场寒

释义 入春以后，每下一次雨天气就会暖和些；入秋以后，每下一次雨天气就会寒冷些。

例句 俗话说，"一场春雨一场暖，一场秋雨一场寒。"这不，刚下过一场秋雨，气温就10℃以下了。

正月栽竹，二月栽木

释义 农历正月是种植竹子的时节，农历二月是种植树木的时节。

例句 又到了植树节，谚语说"正月栽竹，二月栽木"，想必这个时候种树容易存活吧。

二月二，龙抬头

释义 农历二月二日恰逢是惊蛰节气，这时气温上升，万物复苏，冬眠的动物开始苏醒，慢慢地出来活动。

例句 今天是"二月二，龙抬头"的日子，理发店里挤满了来剪头发的人。

三月老鸹四月雀，五月小兔遍地跑

释义 老鸹：方言，指乌鸦。告诉人们不同的动物有不同的成熟期，三月份的时候乌鸦已经长成了，四月份的时候麻雀长成，五月份的时候就可以看到四处乱跑的兔子了。

例句 "三月老鸹四月雀，五月小兔遍地跑"，不同的动物有不同的成长期。

三月思种桑，六月思筑塘

释义 指人没有长远计划，事前也不早做准备，到了眼前才想办法。

例句　"三月思种桑，六月思筑塘。"这样不知预先准备，等事情到了眼前往往会措手不及。

四月有雨五月旱，六月连阴吃饱饭

释义　农历四月下雨、五月干旱、六月连续阴天是丰收的重要条件。

例句　"四月有雨五月旱，六月连阴吃饱饭。"如果这些天气条件都具备了，就预示着丰收。

暖四月，燥五月，六月天气能热煞

释义　煞：极，很。农历四月天气暖和，五月天气燥热，六月天气最热。

例句　常言道，"暖四月，燥五月，六月天气能热煞"。从农历四月份开始会逐渐升温，市民朋友们要随天气变化褪下棉服了。

五月初五过端阳，吃罢粽子忙插秧

释义　罢：完毕，停止。指端午节吃完粽子就要忙于农活。也作：五月初五过端阳，吃完粽子忙插秧。

例句　"五月初五过端阳，吃罢粽子忙插秧。"农民们吃过粽子就要开始一段忙碌的时光了。

> **知识窗**
>
> 粽子，又称"角黍""筒粽"，是端午节汉族的传统节日食品，由粽叶包裹糯米蒸制而成。传说是为纪念屈原而做，是中国历史上文化积淀深厚的传统食品。

五月金，六月银，错过光阴无处寻

释义　农历五六月份是夏收夏种的黄金季节，错过了种植季节，会影响农作物的生产，造成不可弥补的损失。

例句　"五月金，六月银，错过光阴无处寻。"错过最佳的时机，就会造成重大损失。

立了夏，把扇架；立了秋，把扇丢

释义 立夏之后，天气变热，要用扇子了；立秋之后，天气变凉，就要把扇子收起来了。也作：立了夏，把扇架；过了秋，把扇丢。

例句 "立了夏，把扇架；立了秋，把扇丢。"虽说今年的初夏有些出人意料，许久滴雨未降，而且还干燥不育严秋，但气温却一天天升高了。

夏锄多一遍，秋收多一石

释义 夏天多劳动，秋天就会有更好的收获。提示人们只有付出辛勤劳动，才能有所收获。

例句 "夏锄多一遍，秋收多一石。"我们种地就应该反复耕作，不辞辛苦，这样秋天才会有更好的收成。

夏旱修仓，秋旱离乡

释义 夏季旱一些，农作物长得好，定会获得丰收，所以要多修仓库，以便储存粮食。如果秋季干旱，就会影响第二年农作物的生长，粮食就要歉收，人们没有吃的，只好外出逃荒。

例句 "夏旱修仓，秋旱离乡。"村民们看着这炎热的天气，都开始动手修起粮仓来了。

夏天多流汗，冬天少挨冷

释义 在农时辛苦劳动，才会有好的收获，不会在以后遭受苦难。也作：夏天多流汗，冬天少受寒。

例句 我们要像小蚂蚁那样平时就积攒足够的粮食，这样冬天的时候才不会挨饿。这正是"夏天多流汗，冬天少挨冷"。

六月天，小孩脸

释义 农历六月的天气就像孩子的脸一样，说变就变。

例句 这天气刚才还艳阳高照，现在却下起雨来了，真是"六月天，小孩脸"。

七月核桃八月荆，九月甜梨脆生生

释义 农历七月核桃成熟，荆在农历八月丰收，到了农历九月甜梨也非常好吃了。

例句 "七月核桃八月荆，九月甜梨脆生生。"现在正是吃梨的好时节。

七月七，喜鹊稀

释义 相传农历七月七这一天晚上，牛郎、织女在天河相聚，人间的喜鹊都飞到天上为他们搭"鹊桥"，所以这一天人间的喜鹊就少了。"鹊桥相会"，描述了一个凄婉而美丽的爱情故事。

例句 "七月七，喜鹊稀。"连喜鹊都不忍看到牛郎和织女分别，王母娘娘为什么这么狠心？

八月半，种早蒜；八月中，种大葱

释义 农历八月中旬为种蒜和葱的最佳时节。

例句 "八月半，种早蒜；八月中，种大葱。"到了什么节气就该种什么作物，这可是祖辈总结出来的宝贵经验。

八月里秋风凉，三场白露两场霜

释义 指农历八月以后天气逐渐转凉，会经常下霜。

例句 "八月里秋风凉，三场白露两场霜。"入秋了，出门应该多加件衣服。

> **知识窗**
>
> 白露是二十四节气中的第十五个节气。每年八月中（公历9月8日前后）太阳到达黄经165度时开始。

九月雷公响，必定米粮长

释义 农历九月如果雷声响亮，预示来年必定是一个丰收年。

例句 人们都说，"九月雷公响，必定米粮长"。今年九月雷声不断，看来明年是个大丰收年，爷爷听到雷声就笑眯了眼。

腊八腊八，冻掉下巴

释义 农历十二月初八前后是最寒冷的时候，需要防寒防冻。也作：腊七腊八，冻掉下巴｜腊七腊八，冻死王八。

例句 奶奶边说着"腊八腊八，冻掉下巴"，边把小孙子往怀里搂紧了一些。

腊月南风下大雪

释义 腊月狂吹南风就预示要下大雪了。

例句 爸爸说"腊月南风下大雪"，叮嘱我添衣防寒。

伏雷雨三后响

释义 夏伏天连着三天雷雨接着就会晴天。

例句 "伏雷雨三后晌。"前两天午后都下了雷雨，今天看样子也会下，你们记得早点儿回家。

伏里凉，秋雨淋倒墙

释义 伏天里面凉快，秋天必定雨水充足。

例句 奶奶熟识农谚，她说"伏里凉，秋雨淋倒墙"，今年伏天里很凉爽，果然秋后雨水不断。

知识窗

"伏"是阴气受阳气所迫藏伏在地下的意思，一年有三个伏，三伏天是一年中最热的时候。

立春雨水到，早起晚睡觉

释义 指在立春这一节气里，雨水渐多，正是备耕生产的关键时期，农村开始由冬闲进入农忙季节。

例句 农谚说得好，"立春雨水到，早起晚睡觉"。立春过后，雨水渐多，日照时间会相应延长，农民们也开始忙碌起来。

立秋刮北风，秋后雨水少

释义 立秋时节开始刮北风，说明秋后雨水会少。

例句 奶奶说："俗话说，'立秋刮北风，秋后雨水少'。如果立秋那天起了北风，预示着秋天过后雨水会很少。"

立了秋，挂锄钩

释义 立秋之后，农活不多了，开始有闲余时间了。

例句 "立了秋，挂锄钩。"忙完了农活，有了空闲，勤劳的村民们又开始经营起了自己的小生意。

145

立冬不起菜，必定要受害

释义 立冬之后不收地里的萝卜、白菜等蔬菜，必定会使它们冻坏了。也作：立冬不起芽，必定要受害。

例句 "立冬不起菜，必定要受害。"立冬这天人们都要把菜从地里收上来。不过，现在蔬菜种植有了暖棚，再加上气候变暖，种菜人不必再急着立冬起菜了。

干净冬至邋遢年

释义 邋遢：不整洁，不利落。冬至前后不下雨雪，道路干净，就预示春节期间可能有雨雪，道路泥泞，要过个邋遢年。也作：干净冬至邋遢年，邋遢冬至干净年。

例句 一冬天没下过雪，大过年的，雪下得这么大，"干净冬至邋遢年"，这话真不假。

谷雨前后一场雨，胜似秀才中了举

释义 谷雨时节前后的雨水对于农户来说是喜事，比秀才中举还让人高兴。

例句 "俗话说，'谷雨前后一场雨，胜似秀才中了举'。今天这场雨可真是解了百姓的燃眉之急。"张县长笑着对秘书说。

过了谷雨到立夏，先种黍子后种麻

释义 意指从谷雨到立夏的这段时间，适合先种黍，后种麻。

例句 "过了谷雨到立夏，先种黍子后种麻。"这是前人总结出来的经验，值得我们借鉴。

过了惊蛰节，春耕无停歇

释义 惊蛰时春雷响动，惊醒万物，蛰伏地下冬眠的动物开始出土活动。过了这个节气，就要忙着春耕了。

例句 "过了惊蛰节，春耕无停歇。"每到这个时候，田野上都是一派忙碌的景象。

知识窗

惊蛰是二十四节气之一，每年太阳运行至黄经345度时开始，一般在每年公历的3月6日前后，这时气温回升较快，渐有春雷萌动，"惊蛰"是指钻到泥土里越冬的小动物被雷震苏醒出来活动。

寒露到立冬，翻地冻死虫

释义 指从寒露到立冬这段时间天气寒冷，农民翻地可以冻死地里的害虫。

例句 "寒露到立冬，翻地冻死虫"，趁这段时间翻地，有利于来年庄稼的生长。

冬暖多瘟疫，夏冷不收田

释义 如果冬天天气温暖，春天雨水就多，疾病很容易蔓延；如果夏天天气阴冷，到了秋天庄稼就不会有好收成。

例句 "冬暖多瘟疫，夏冷不收田。"所以农民们都格外关注气温冷暖变化。

冬雪是宝，春雪似草

释义 意为冬天下的雪有利于庄稼的生长，立春之后下的雪就没有什么作用了。

例句 "冬雪是宝，春雪似草。"冬天的雪可以促进庄稼生长，立春后下的雪，作用不大。

冬睡不蒙首，春睡不露背

释义 入冬的时候睡觉不能蒙着头，春天的时候睡觉不能把后背露在外面，否则不利于身体健康。

例句 "冬睡不蒙首，春睡不露背。"遵照前人的这些经验，有利于身体健康。

冬天动一动，少闹一场病；冬天懒一懒，多喝药一碗

释义 告诫人们，冬天加强锻炼有利于身体健康。

例句 "冬天动一动，少闹一场病；冬天懒一懒，多喝药一碗。"虽然天寒地冻，也不可忽视锻炼的重要性。

立冬晴，一冬晴；立冬雨，一冬雨

释义 立冬时天气晴朗，一个冬天天气就大都晴朗；立冬时下雨，一个冬天大多数时间会下雨。也作：立冬无雨一冬干。

例句 老话说："立冬晴，一冬晴；立冬雨，一冬雨。"民间认为，立冬的天气可以预示一冬的天气。

立冬小雪，地冻如铁

释义 立冬那天下雪的话，地里就会上冻，坚硬如铁。

例句 以前人们常说："立冬小雪，地冻如铁。"今年倒很反常，虽然立冬时下了雪，可现在已是小寒，天气还不是很冷。

二月二，龙抬头

相传，武则天当了皇帝后，玉帝便下令三年内不许向人间降雨。但司掌天河的玉龙不忍百姓受灾挨饿，偷偷地降了一场大雨，玉帝得知后，将司掌天河的玉龙打下天宫，压在一座大山下面。山下还立了一块碑，上面写道：龙王降雨犯天规，当受人间千秋罪。要想重登灵霄阁，除非金豆开花时。

人们为了拯救龙王，到处寻找开花的金豆。到了第二年二月初二这一天，人们正在翻晒金黄的玉米粒，猛然想起，这玉米粒就像金豆，炒开了花，不就是金豆开花吗？于是家家户户开始爆玉米花，并在院里设案焚香，供上"开花的金豆"，专让龙王和玉帝看见。

龙王知道这是百姓在救自己，就大声向玉帝喊道："金豆开花了，放我出去！"玉帝一看人间家家户户院里都有金豆花开放，只好传谕，诏龙王回到天庭，继续给人间兴云布雨。

从此以后，民间形成了习惯，每到二月二这一天，人们就爆玉米花，也有炒豆的。大人小孩还念着："二月二，龙抬头，大仓满，小仓流。"有的地方在院子里用灶灰撒成一个个大圆圈，将五谷杂粮放于中间，称作"打囤"或"填仓"。其意是预祝当年五谷丰登，仓囤盈满。

节日时，各地也普遍把食品名称加上"龙"的头衔。吃水饺叫吃"龙耳"；吃春饼叫吃"龙鳞"；吃面条叫吃"龙须"；吃米饭叫吃"龙子"；吃馄饨叫吃"龙眼"。

这一天，其他习俗也很多。起床前，先念："二月二，龙抬头，龙不抬头我抬头。"起床后还要打着灯笼照房梁，边照边念："二月二，照房梁，蝎子蜈蚣无处藏。"有的地方妇女不动针线，怕伤了龙的眼睛；有的地方停止洗衣服,怕伤了龙皮,等等。

从科学角度看,农历二月初二还是"惊蛰"前后,大地开始解冻,天气逐渐转暖,农民告别农闲,开始下地劳作了。所以,古时把"二月二"又叫作"上二日"。因此,盛行于我国民间的春龙节,在古时又称"春耕节"。

积累卡

与传统节日、习俗相关的谚语

1.三十无鱼不为宴,初一无鸡不成席 2.大年初一不出门,初二初三拜亲人 3.清明螺蛳端午虾,九月重阳吃爬爬 4.月到中秋分外明,人过中年万事休 5.栽树不过清明节,月到中秋桂花香

答案

覆水 —— 不可复得

多用兵 —— 不如巧用计

风无常顺 —— 兵无常胜

凡事预则立 —— 不预则废

鹅毛飞上天 —— 必有落地时

下篇

歇后语

- ★ 铅笔擦子——知错就改
- ★ 胸窝里栽牡丹——心花怒放
- ★ 九月菊花逢细雨——点点入心
- ★ 茶馆不要的伙计——哪壶不开提哪壶

生活类 歇后语

SHENGHUO LEI XIEHOUYU

老太太啃核桃——吃不开了

释义 本指老太太牙不好，咬不开核桃。后指行不通，不受欢迎。

例句 现在的情况变了，你这一套已经是"老太太啃核桃——吃不开了"。

打翻的五味瓶——酸甜苦辣咸样样俱全

释义 比喻人的心情很复杂，难以平静。

例句 他看着老伴儿的遗像，想起几十年的风风雨雨，心里就像是"打翻的五味瓶——酸甜苦辣咸样样俱全"。

醋瓶子打飞机——酸气冲天

释义 讽刺人言行拘于陈旧，不适应新时代的发展。

例句 现在都什么年代了，你还说这样的话，真是"醋瓶子打飞机——酸气冲天"。

炒菜的勺子——尝尽了酸甜苦辣

释义 本指勺子接触过各种味道。现指经历的事情多，尝尽了人间冷暖。

例句 王爷爷对孩子们说："我活了这么大，真是'炒菜的勺子——尝尽了酸甜苦辣'，比起我小时候来，你们真是太幸福了。"

拿草帽当锅盖——乱扣帽子

释义 比喻不负责任地强行给人安上坏名誉。

例句 李大魁，你可别冤枉好人，我什么时候去过赌场？你可别"拿草帽当锅盖——乱扣帽子"。

厨房里的蒸笼——经常受气（汽）

释义 比喻人经常被别人欺压。

例句 做人也不能太软弱了，不然在这里就会像"厨房里的蒸笼——经常受气（汽）"。

铁勺子捞面条——汤水不漏

释义 形容人做事周全、谨慎。

例句 他这人很稳当，办起事情来真是"铁勺子捞面条——汤水不漏"。

吃包子光盯褶儿——不知里头包的是啥馅儿

释义 比喻只能看到表面现象，不了解内部的实际情况。

例句 这家公司看起来生意红火，就是"吃包子光盯褶儿——不知里头包的是啥馅儿"，不知道利润到底大不大。

一根筷子吃藕——净挑眼

释义 挑：本指用细长的东西拨，现指挑剔。本指一根筷子吃藕不能夹，只能挑。现指人爱挑小毛病，或多心。

例句 小田调皮地问道："大老王，你对包公的历史那么熟，你说说，包公长啥样？""你这孩子，'一根筷子吃藕——净挑眼'。"王启新笑着说。（丁秋生《源泉》）

吃饱饭闲磕牙——没事找事

释义 闲磕牙：即漫无目的地讲闲话。指故意找茬。

例句 跑到店里来不买东西，还一个劲儿地叫这里的商品不好，我看你真是"吃饱饭闲磕牙——没事找事"。

吃冰棍烤炉火——表面热乎心里凉

释义 比喻人外表热情但内心冷漠。

例句 王阿姨看起来待人热情，其实是"吃冰棍烤炉火——表面热乎心里凉"，她从来不会去真心帮助别人。

吃大鱼大肉——肚里一点儿没数（素）

释义 素：与"数"谐音。比喻对事情的状况不清楚，心里没有计划。

例句 其实我对这事是"吃大鱼大肉——肚里一点儿没数（素）"，刚才我说的话都只是猜测而已。

吃糖瓜就咸菜——不对味

释义 指不对劲，不对路。

例句 听了他的这番话，我总觉得就像"吃糖瓜就咸菜——不对味"。

吃咸菜长大的——爱管闲（咸）事

释义 咸：与"闲"谐音。指喜欢为和自己没有关系的事情操心。

例句 陈阿姨是个"吃咸菜长大的——爱管闲（咸）事"，有的人夸她热心，有的人则很讨厌她。

吃咸鱼蘸酱油——多此一举

释义 指做多余或本来没必要做的事情。

例句 现在地面已经够干净了，你还来扫一遍，这是"吃咸鱼蘸酱油——多此一举"。

吃着菠萝问酸甜——明知故问

释义 指明明知道却还要故意发问。

例句 小张知道小明因昨天家里出了事情而心情不好，却还当着大家的面问他到底怎么了，真是"吃着菠萝问酸甜——明知故问"。

吃着碗里看着锅里——贪得无厌

释义 指追求财物没有满足的时候。

例句 刘阿姨刚给女儿买了新衣服，可女儿又嚷嚷着要买新鞋子，刘阿姨说："你真是'吃着碗里看着锅里——贪得无厌'。"

吃着油条唱歌——油腔滑调

释义 形容人说话轻浮油滑或行文浮华不实。

155

例句 他总是"吃着油条唱歌——油腔滑调"的，谁也不知道他说的是不是自己的心里话。

吃着黄连唱歌——以苦为乐

释义 指不认为艰难的生活是苦难，用快乐的心情去体验。也作：吃着黄连唱歌曲——苦中作乐。

例句 解放军有着"吃着黄连唱歌——以苦为乐"的精神，再大的困难面前，都能保持顽强的斗志和乐观的精神。

吃芝麻用调羹——不用快（筷）

释义 调羹：勺子。筷：与"快"谐音。比喻不用着急，可以放慢速度进行。

例句 这份工作要求的是细心和毅力，所以大家就"吃芝麻用调羹——不用快（筷）"，要耐心地提高自己的技能。

吃了抄手吃馄饨——一码事

释义 抄手：馄饨。意思是一回事。

例句 他欠你的钱你就要嘛！干吗让别人去要？这不是"吃了抄手吃馄饨——一码事"嘛！你为什么把事情搞得那么复杂？

吃竹笋剥皮——一层层来

释义 竹笋：指竹子的嫩芽，外面裹着几层皮。比喻做事一步步来。也作：吃笋子剥皮——一层层来。

例句 不要急，咱们还是"吃竹笋剥皮——一层层来"，先从最基本的东西讲起。

喝了蜜——嘴甜

释义 本指喝了蜂蜜嘴上有甜味，现指人总能把话说到别人心坎里，让人高兴。

例句 我们走，他是"喝了蜜——嘴甜"，做起事来却蛮不讲理。我们惹不起，还躲不起他吗？

知识窗

蜂蜜是一种天然食品，味道甜，所含糖分不需要消化就可以被人体吸收，对妇女、儿童，特别是老年人具有良好的保健作用。

井里放糖——甜头大家尝

释义 本指大家都能喝到糖水，现指有好处大家共同分享。

例句 过去咱们两队都穷，今年你们队富起来了，快给咱介绍介绍你们是咋富的，"井里放糖——甜头大家尝"嘛，可别忘了你们的穷朋友！

胡椒拌黄瓜——又辣又脆

释义 本指胡椒辣，黄瓜脆。后指人说话做事既辛辣刺激又利落爽快。

例句 "你能不能帮我找些资料？"小王的答话如"胡椒拌黄瓜——又辣又脆"："没有一点儿问题！"

花椒掉进大米里——麻烦（饭）

释义 指费事或不受欢迎。

例句 如果患者的病情没能得到控制，那可真是"花椒掉进大米里——麻烦（饭）"了。

一根老牛筋——蒸不熟煮不烂

释义 比喻人固执，性格难以改变。

例句 她母亲的工作还好做些，她父亲那边却困难得多，他简直就是"一根老牛筋——蒸不熟煮不烂"。

石头蛋腌咸菜——一言（盐）难尽（进）

释义 石头蛋：鹅卵石。腌：把肉、菜、果品等加上盐、糖、酱、酒等，放置一段时间使入味。指有好多难言之隐，一时说不清楚。

例句 他不停地摇着手说："那件事太丢人了，真是'石头蛋腌咸菜——一言（盐）难尽（进）'，你们还是不知道为好。"

破包子——露了馅

释义 比喻不愿意让人知道的事暴露出来。

例句 王老厚一听这个"破包子——露了馅"，就一阵呵呵冷笑说："王村长，如果要花钱或者还有别的说法的话，人家张老本说啦，'瞎子发眼——豁出来啦'，爱怎么办就怎么办……"（臧伯平《破晓风云》）。

豆腐渣捏的——不经打

释义 豆腐渣：制豆浆剩下的渣滓，质地松散。比喻人脆弱，经不住挫折和打击。

例句 "这么点儿困难就把你吓倒了，你真是'豆腐渣捏的——不经打'啊。"父亲斥责小明道。

麻绳拴豆腐——没法提

释义 本指用麻绳拴豆腐提不起来，后指不要提及或谈起某事。

例句 老五那人，也没个媳妇管着，成天除了喝酒抽烟，就是打麻将，真是"麻绳拴豆腐——没法提"。

豆浆里的油条——软了

释义 本指油条变软，后指人不坚强。

例句 最关键的证据已落到了警察手里，听到这个消息，疑犯如"豆浆里的油条——软了"。

稀饭拌糨糊——糊里糊涂

释义 责怪人对事情真相认识得不够深刻。

例句 你这一番话把我说得如"稀饭拌糨糊——糊里糊涂"，到底发生什么事了？

白酒混在冷水里——谁也搞不清

释义 本指白酒和水都是无色透明的，混在一起不好分辨。现指事物难以分辨，或弄不清楚。

例句 他心里到底是怎么想的，真是"白酒混在冷水里——谁也搞不清"。

馒头出笼——热气腾腾

释义 形容气氛热烈，情绪高涨。

例句 放学后，学生们陆续回家了，但学校东边正开讨论会的两间教室有如"馒头出笼——热气腾腾"的。

冰糖拌黄瓜——干（甘）脆得很

释义 形容人说话做事直爽、不拖拉。

例句 小张这个人性子有些直，办起事来也是"冰糖拌黄瓜——干（甘）脆得很"呢！

胸口烙饼——热心肠

释义 形容人心地善良，待人和善热情。

例句 大家都知道街道王主任是个"胸口烙饼——热心肠"的老太太，这件事她一定会帮忙的。

墙上画的烙饼——能看不能吃

释义 指某人或某事物看起来很好，但实际并非如此；或指表面看起来好，却没有实用价值。

例句 他在对外讲话时，表示支持抗日、参加抗日，可是从他采取的一系列措施来看，他的话就是"墙上画的烙饼——能看不能吃"。

热锅里的汤圆——不断地翻滚

释义 形容心情激动，或指场面热闹非凡。

例句 面对地上放着的油、米、面，五保户王大爷的心里就像"热锅里的汤圆——不断地翻滚"。

趣味故事

千里送鹅毛——礼轻情意重

　　唐朝时，每逢朝廷有什么喜庆活动，各地的地方官都要给皇上送礼，礼品主要是各地的特产。

　　有一年，云南一少数民族的首领为表示对唐王朝的拥戴，派特使缅伯高向太宗贡献天鹅。当他到了沔阳的河边时，他下了马，洗了把脸，把马牵过来，让马也喝了点儿水，又把笼子里的天鹅赶到水中洗洗。天鹅下了水，都异常兴奋。缅伯高一时疏忽，就松了手。那几只天鹅在水边游了两下，忽然翅膀一抖，飞了起来。缅伯高一见天鹅要飞，急得慌忙去抓，结果只抓住了几根鹅毛。

　　缅伯高看到天鹅跑掉了，急得冷汗直流，号啕大哭起来。随从们劝他说："已经飞走了，哭也没有用，还是想想补救的办法吧。"缅伯高一想也对。这时，他低头看着手中的鹅毛，灵机一动，心想："我何不顺便写一首小诗，说清楚缘由，说不定皇上会原谅我呢！也只有这样了！"于是他就把鹅毛收好，重新上路。一路走，一路酝酿

161

小诗。

缅伯高到了京城，小诗也想好了。大家都带上礼品去朝见皇上。他两手托着一个精致的绸缎小包，恭恭敬敬地呈上去，说："我们来自路途遥远的云南，太守派我千里跋涉，专程送来一根洁白的鹅毛。礼品虽然很轻，但我们孝敬皇上的情意和大家一样，是很真诚的。"

唐太宗见是一个精致的绸缎小包，便令人打开，一看是一根鹅毛和一首小诗。诗曰："天鹅贡唐朝，山高路途遥。沔阳河失宝，倒地哭号啕。上复圣天子，可饶缅伯高。礼轻情意重，千里送鹅毛。"

唐太宗看了，似懂非懂，有点儿莫名其妙，缅伯高随即讲出事情原委。唐太宗听了，很高兴地收下了鹅毛，还给了他很丰厚的奖赏。

"千里送鹅毛——礼轻情意重"，这个故事突出了人在困境中见机行事、急中生智的生活智慧，更体现着送礼之人诚信的可贵美德。今天，人们用"千里送鹅毛"比喻送出的礼物虽单薄，但情意却异常浓厚。

积累卡

与吃相关的歇后语

1.苍蝇吃蜘蛛——自投罗网　2.长虫吃长虫——比比长短　3.吃挂面不放盐——有言（盐）在先　4.吃瓜子吃出个臭虫来——啥人（仁）儿都有

答案

◆今年竹子来年笋——（无穷无尽）
◆高粱梗上结茄子——（不可思议）
◆黄连拌苦瓜——（苦上加苦）
◆八月的石榴——（合不拢嘴）

学习类 歇后语
XUEXI LEI XIEHOUYU

学问无大小——能者为师

释义 指不管总的文化水平是高是低，只要是在某一方面或某一领域有能力的，我们就可以向他学习。

例句 如今的社会并不缺少有知识的人，关键是看他有没有胜任某项工作的能力，正所谓"学问无大小——能者为师"。

讲课又是老一套——屡教不改

释义 屡：多次。形容有的人犯错误以后，经过多次教育仍不改正。

例句 这个犯罪分子已经进监狱三次了，可他还是"讲课又是老一套——屡教不改"，看来得想想其他办法了。

孔夫子搬家——尽是输（书）

释义 孔夫子就是孔子，他是儒家学派的创始人。他读书很多，学问很大。因为家里书多，所以他搬家的时候家当大部分都是书。这里比喻总是输，没有赢的时候。

知识窗

孔子，名丘，字仲尼，春秋末期的思想家和教育家，儒家学派的创始人。孔子是集华夏上古文化之大成者。

例句 小明的乒乓球技术没有小丁好，可是今天两人连打几局，小丁都是"孔夫子搬家——尽是输（书）"，也不知道他到底是怎么了。

163

孔夫子拜师——不耻下问

释义 不以向比自己学识差或地位低的人请教为耻辱。形容虚心求教。

例句 北京大学的王教授虽然身为博士生导师，但仍然保持了"孔夫子拜师——不耻下问"的谦虚品格。

孔夫子的褡裢——书呆（袋）子

释义 褡裢：长方形的口袋，中央开口，两端各成一个袋子，装钱物用，多搭在肩上。袋：与"呆"谐音。讥讽人一心读书、做学问，不知联系实际。

例句 他是"孔夫子的褡裢——书呆（袋）子"，不明白事理。

老鼠钻书箱——咬文嚼字

释义 本指老鼠咬书，现在专指人说话过分斟酌字句。

例句 "写信，虽不求衔华佩实，但总不能信笔涂鸦吧？事情总要有个起因结果。"石必生连连摆手："罢！罢！你别'老鼠钻书箱——咬文嚼字了'。"

圣人门前卖文章——自不量力

释义 圣人：这里指有学问的人。指在有学问的人家门前卖弄学问，自己不能正确估计自己的力量。形容人过高地估计自己的能力。

例句 这个国家的队员想在乒乓球项目上打败中国队，我看他们有些"圣人门前卖文章——自不量力"。

大肚汉子写文章——肚里有货

释义 指人有学问。也作：大肚子写文章——肚里有货。

例句 你可千万别小瞧小王，他虽然年纪轻轻，但却是"大肚汉子写文章——肚里有货"。

小学生看书——念念不忘

释义 本指反复朗读书上的内容就不会轻易忘记，现在专指对于某人或某事印象深刻，不能忘记。

例句 她已经去世三年了，可我对她还是"小学生看书—— 念念不忘"，每当看到她的照片，就想起她生前的音容笑貌。

闭着眼睛进学堂——不认输（书）

释义 指在某件事或某项工作中遭遇挫折以后，不承认自己失败。

例句 老郑就是凭着那股"闭着眼睛进学堂——不认输（书）"的干劲，取得了今天的成就。

课本掉进水缸里——失（湿）业（页）

释义 本指书页被打湿了，现专指失去了工作。

例句 我问老王为什么一副无精打采的样子，他无奈地说："唉！还不是'课本掉进水缸里——失（湿）业（页）'了。"

课堂上打瞌睡——心不在焉

释义 焉：于此。形容做事思想不集中。

例句 瞧他那副"课堂上打瞌睡——心不在焉"的样子，也不知道他在胡思乱想什么。

村里先生放学——一伙子都跑了

释义 指一伙人都飞快地散开了。

例句 一听说要选代表去完成这次任务，大家就像"村里先生放学——一伙子都跑了"。

课堂上玩弹弓——人在心不在

释义 比喻心不在焉，或思想不集中。

例句 爸爸跟他说话他都没听见，看来他是"课堂上玩弹弓——人在心不在"。

没复习上考场——听天由命

释义 指不作主观努力，任由事态自然发展变化，用来比喻做事碰机会、撞运气。

例句 我问他这次失业后有什么打算，他随便说了一句："'没复习上考场——听天由命'吧！"

在飞机上做习题——高空作业

释义 作业：双关语，本指教师给学生布置的功课，转指部队或生产单位布置的活动。指一种工作种类。也可讽刺人做事高调。

例句 电线杆上的架线工作那可都是"在飞机上做习题——高空作业"呀，有很高的危险性呢。

猴子掰苞谷——掰一个丢一个

释义 指学习或者做事找到了新的，就抛弃了原有的。

例句 他的学习方式就像"猴子掰苞谷——掰一个丢一个"，刚学了新的东西，就忘了之前学的。

骑兵逛公园——走马看花

释义 走：跑。骑在马上奔跑着看花。比喻匆忙、粗略地观察了解。

例句 复习功课不能是"骑兵逛公园——走马看花"，要钻研、思索，这样才能把知识掌握得扎实、全面。

一本经书看到老——食古不化

释义 学了古代知识未曾消化。比喻不能按现代情况理解和运用古代的文化知识。

例句 这都什么年代了，总不能还要求女人三从四德吧？要跟上时代发展的脚步，不能"一本经书看到老——食古不化"。

仓颉造字——马虎不得

释义 比喻做事时不能持敷衍了事、疏忽大意的态度。

例句 这件事是"仓颉造字——马虎不得"，一个环节没有处理好，就会造成不可估量的损失，大家不要掉以轻心。

知识窗

仓颉，传说他是黄帝的史官，汉字的创造者，被尊为中华文字始祖。但后世普遍认为汉字由仓颉一人创造只是传说，他应该是汉字的搜集者和整理者。

汽锤打夯——扎扎实实

释义 夯：砸实地基用的工具或机械。指把地基夯实。形容（工作、学问等）实在、踏实。

例句 学习要一步一个脚印，不能急于求成，要做到"汽锤打夯——扎扎实实"。夯实基础，才能取得更大的进步。

拿着铜尺买鞋穿——死搬硬套

释义 指不顾实际情况，机械地搬用别人的办法、经验。也作：拿着铜尺买鞋样——死搬硬套。

例句 学习最重要的是举一反三，切忌"拿着铜尺买鞋穿——死搬硬套"。

竹筒沉水——自满自足

释义 指对已有的一切或已取得的成绩感到满足。

例句 你不要因为这次考试成绩好就"竹筒沉水——自满自足"，一定要戒骄戒躁、奋发努力、再创佳绩呀！

没秤锤的秤——到哪里都翘尾巴

释义 翘尾巴：双关语，既指秤杆的尾部往上翘，又指人骄傲自满。比喻人不论到什么地方都骄傲自满。也作：没砣的秤——到哪儿都要翘尾巴 | 没有砣的秤杆子——到哪里都翘尾巴。

例句 小丽上学时得过全国书法比赛的一等奖，现在到哪里都对别人的字指指点点，我看她有点儿像"没秤锤的秤——到哪里都翘尾巴"。

扯着胡子打秋千——谦虚（牵须）

释义 牵须：与"谦虚"谐音。指虚心，不自满，肯接受批评。

例句 老伯当年曾夺得全国青年散打比赛的第一名，但他从来不在别人面前提及此事，别人问起，他也只说是运气好罢了。他可真是"扯着胡子打秋千——谦虚（牵须）"啊！

拉着下巴过河——假谦虚（牵须）

释义 牵须：与"谦虚"谐音。比喻故意装作谦虚的样子。

例句 平时他就骄傲得很，所以大家不听都知道这次他是"拉着下巴过河——假谦虚（牵须）"。

头顶上长眼睛——目空一切

释义 形容极其骄傲自大，什么都不放在眼里。也作：头顶上长眼睛——目中无人。

例句 做学问的人年轻时容易"头顶上长眼睛——目空一切"，年长后则变得越来越谦虚，这是由于一个人知道得越多，就越明白他的知识是有限的。

头顶生目，脚下长手——眼高手低

释义 形容要求的标准高，可工作能力低，实际上做不到。

例句 这名导演真是"头顶生目，脚下长手——眼高手低"，影片构思得很好，拍出来的效果却不尽如人意。

画蛇添足——自作聪明

释义 比喻做了多余的事，非但无益，反而不合适。也指过高地估计自己的实力，凭自己主观意愿办事。

例句 小李把散开的文案收到一起，没想到是经理正在分类，他这是"画蛇添足——自作聪明"，做了一件多余的事。

扁担吹火——一窍不通

释义 比喻一点儿也不懂。

例句 下象棋的话，我还行，至于下围棋嘛，我可是"扁担吹火——一窍不通"。

囫囵吞枣——不知味

释义 告诉人们，读书如果囫囵吞枣，就会什么也体会不到。

例句 吃东西应该细嚼慢咽，仔细品味。学习也是一样，要细心认真，否则便像"囫囵吞枣——不知味"。

属窗户纸的——一点就透

释义 指稍加指点就懂了。

例句 这孩子真聪明，理解能力很强，简直就是"属窗户纸的——一点就透"。

黄连木头做图章——刻苦

释义 刻苦：双关语，本指在苦黄连上刻图，转指学习、工作都非常努

170

力、勤奋。

例句 小李每天五点半起床练习英语发音，真是"黄连木头做图章——刻苦"。

属耗子的——放下爪儿就忘

释义 比喻容易忘记吃过的苦，不接受以前的教训。

例句 上次闯红灯已经出过事故了，这次你还闯，我看你就是"属耗子的——放下爪儿就忘"。

瞎子移秤——不在心（星）上

释义 星：秤杆上标记斤、两、钱的小点子，与"心"谐音。形容没有放在心上或是心不在焉。

例句 我们对待学习要认真，要细致，不能"瞎子移秤——不在心（星）上"。

属孔明的——见识不少

释义 比喻知识丰富，见识高明。

例句 小明平时注意积累各种知识，在同学中那是小有名气，大家都说他是"属孔明的——见识不少"。

知识窗

孔明：即诸葛亮，字孔明，世人称之为"卧龙"，三国时期蜀汉丞相，杰出的政治家、军事家、散文家、书法家。

十年寒窗中状元——先苦后甜

释义 状元：泛指古代科举考试中获得第一名的人。指只有经过艰苦努力，才能获得事业上的成功。

例句 以前他家穷得叮当响，但通过一家老小的辛勤劳动，现在家里要什么有什么，真是"十年寒窗中状元——先苦后甜"啊！

被窝里洒香水——能文（闻）能武（捂）

释义 闻：与"文"谐音。捂：与"武"谐音。比喻文才与武略兼备。

例句 我们班的语文老师是个"被窝里洒香水——能文（闻）能武（捂）"的人，不光语文教得好，在体育老师生病时，还给我们上体育课。

鹅卵石下油锅——扎实（炸石）

释义 鹅卵石：久经流水冲刷、沙石打磨而成的卵形石块。炸石：与"扎实"谐音。形容基础牢固。

例句 在数学方面，小樊的功底可算得上是"鹅卵石下油锅——扎实（炸石）"。

八股文的格式——千篇一律

释义 本指诗文公式化，现泛指事物只有一种形式，毫无新意，毫无变化。

例句 我把这座城市的各个公园都转遍了，觉得它们的布局有点儿"八股文的格式——千篇一律"。

脸上写字——表面文章

释义 本指文字写在面部，现专指只注重表面形式，实际并非如此。

例句 你别看她刚才那么热情，其实是"脸上写字——表面文章"，做样子给别人看呢！

趣味故事

孔夫子拜师——不耻下问

孔子是我国春秋末期的思想家、政治家、教育家，儒家学派的创始者。人们都尊奉他为圣人。然而孔子认为，无论什么人，包括他自己，都不是生下来就有学问的。

孔子15岁时开始发愤读书，碰到疑难问题，总是追根究源。他还常常向不如自己但有一技之长的人学习，这就是他提倡的"不耻下问"。

有一次，孔子参加太庙祭祀典礼，因为是第一次参加，所以在整个过程中的所见所闻，他样样都觉得新鲜，于是遇到不懂的问题就一一向别人请教，从祭祀用的牛羊一直到伴奏的音乐。等到祭祀完毕人们离开时，他还拉住别人的衣服，请教一些没有弄明白的问题。

旁人看到他总是打破砂锅问到底，就称他是"每事问"。意思就是说，对每件事都要问一问。正是靠着这种"每事问"的学习精神，孔子才有了渊博的知识。

有人在背

后嘲笑他，说他不懂礼仪，什么都要问。孔子听到这些议论后说："对于不懂的事，问个明白，这正是我要求知礼的表现啊！"

那时，卫国有个大夫叫孔圉，虚心好学，为人正直。当时社会上有个习惯，最高统治者或其他有地位的人死后，为其另起一个称号，叫谥号。按照这个习俗，孔圉死后，授予他的谥号为"文"，所以后来人们又称他为孔文子。

孔子的学生子贡有些不服气，他认为孔圉也有不足的地方，于是就去问孔子："老师，孔文子凭什么可以被称为'文'呢？"

孔子回答："敏而好学，不耻下问，是以谓之'文'也。"

意思是说孔圉聪敏又勤学，不以向地位比自己低、学问比自己差的人求教为耻辱，所以可以用"文"字作为他的谥号。

"孔夫子拜师——不耻下问"，这个歇后语用来比喻肯向地位在自己之下、学问比自己差的人求教，而不以为耻。

【游戏室】

歇后语连线

抓住荷花摸到藕	争分夺秒
张飞吃豆芽儿	想得倒简单
在鲅鱼背上翻跟斗	小菜一碟
运动员赛跑	寻根究底

（答案见正文第138页）

器具类 歇后语

QIJU LEI XIEHOUYU

板上钉钉——没跑

释义 比喻事情已有了着落和把握。

例句 既然校长都同意让你贷款上学了，那就是"板上钉钉——没跑"的事了，你还有什么不放心的呢？

铁钉铆在钢板上——扎扎实实

释义 本指铁钉穿过眼固定钢板。现指人守规矩，稳重踏实，做事可靠。

例句 他是个非常认真的人，干起工作来有如"铁钉铆在钢板上——扎扎实实"，从不敷衍了事。

铁丝儿裹脚——没这么馋（缠）的

释义 缠：与"馋"谐音。指人嘴馋，光想着吃好的。

例句 去去去，"铁丝儿裹脚——没这么馋（缠）的"。每次看到吃的，比谁动手都快。

钢锤砸铁砧——硬碰硬

释义 指双方态度都很强硬。也指人不畏惧严峻的考验。

例句 今年村里大旱，刚上任的村长小李性格刚烈，老队长幽默地说："今年的年景碰上小李村长真是'钢锤砸铁砧——硬碰硬'啊！"

铁人戴铜帽——保险

释义 指稳妥，可靠。

例句 胖子工头望着伪装好的工地，笑得合不拢嘴，抢着说："高级，高级，这下啊，真是'铁人戴铜帽——保险'啦！"

金刚钻穿透钢板——过硬

释义 本指金刚钻很硬，能穿过硬钢板。现指有一定的才能，经得起考验。

例句 别看我们入伍才半年多，可知识水平和技术都是"金刚钻穿透钢板——过硬"的。

电烙铁——一头热

释义 本指烙铁一端热一端冷。现指一方热情，而另一方冷淡。

例句 我看我哥是"电烙铁——一头热"，人家姑娘对他总是爱理不理的，光他热情有啥用？

胸口挂秤砣——心里沉重

释义 秤砣：称物品时，用来使秤平衡的金属锤。指心情复杂，思想压力大。

例句 他高考落榜了，现在一定是"胸口挂秤砣——心里沉重"，我们一定要好好地劝劝他。

扁担上睡觉——想得宽

释义 本指扁担很窄，在上面睡觉，希望扁担宽一些。现指人心胸开阔，或讽刺人想美事。

例句 就你那万把块钱，还想做这宗大买卖，我看你是"扁担上睡觉——想得宽"。

打烂的暖水瓶——丧了胆

释义 指吓破了胆，没有胆量。也作：打烂的暖水瓶——丧胆。

例句 我军冲锋令一响，敌人就像"打烂的暖水瓶——丧了胆"，纷纷逃命。

打了的鱼缸——四分五裂

释义 形容分散、不完整，或不集中、不团结。

例句 经历了金融危机之后，公司就变得像"打了的鱼缸——四分五裂"了。

洗脸盆里练游泳——亮不开架子

释义 洗脸盆狭小，不能练游泳。指因条件限制不能施展才能。

例句 小张说："真没有想到你的散打如此厉害，在这小地方是'洗脸盆里练游泳——亮不开架子'。走，到外边给大家表演一下。"

绣花针沉海底——无影无踪

释义 指一点儿影子、踪迹都没有了。形容人或事物消失得干干净净，谁都不知其去向。

例句 自从这家公司被曝光后，公司的领导就像"绣花针沉海底——无影无踪"了。

荷叶包钉子——个个都出头了

释义 本指钉子刺破荷叶露出来，后指每个人都出面了，或每个人都从逆境中走出来了。

例句 王大妈的四个儿子真可谓是"荷叶包钉子——个个都出头了"，他们是我们大家学习的榜样。

香炉子喝茶——有点儿灰气

释义 灰气：双关语，本义指灰烬，借指灰心丧气。比喻有点儿灰心丧气。

例句 手气真背，真是让人"香炉子喝茶——有点儿灰气"，连抓了五次阄儿都没有抓中。

三尺长的梯子——搭不上言（檐）

释义 指什么话也说不上。

例句 他们俩讨论得很激烈，我在一旁则是"三尺长的梯子——搭不上言（檐）"，只有听的份儿。

铜铃打鼓——另有音

释义 指话中有话，另有其他的意思。

例句 老赵听出她说的话是"铜铃打鼓——另有音"，但也预料不到下面还有什么文章，因此，不敢掉以轻心。

木匠的折尺——能屈能伸

释义 折尺：一种可折叠的尺子。本指折尺能弯曲和伸展。现指人失意时能忍耐，得意时能施展才干、抱负。

知识窗

木匠亦称"木工"，指在制造家具零件、门窗框架，或其他木制品过程中用手工工具或机器工具进行操作的人。

例句 大丈夫要如"木匠的折尺——能屈能伸"，你怎么能为这么一点儿小事和自己过不去呢？

木匠的刨子——抱（刨）打不平

释义 本指刨子用来刨平木材，现指人看到不公平的事就出面处理。

例句 我这人没有别的本事，就是"木匠的刨子——抱（刨）打不平"有两下子，路见不平，就要管一管。

雨伞抽了柄——没了主心骨

释义 雨伞靠以柄为支架的骨子支撑，将柄抽出去，伞就失去了作用。比喻没了主意，或失去了可以依靠的重要人物。也作：雨伞抽了把儿——没有主心骨。

例句 当厂长转而表态说支持这项企业制度改革提案时，原本以厂长为首的反对改革派一下子"雨伞抽了柄——没了主心骨"。

扳手紧螺帽儿——丝丝入扣

释义 形容人说话或做文章逻辑严密，语言准确。

例句 这篇议论文写得是"扳手紧螺帽儿——丝丝入扣",论据非常充分,论述非常严谨。

烟囱脾气——憋不住一点儿气

释义 比喻人缺乏耐性,很容易发脾气。

例句 你教孩子写作业时,可别"烟囱脾气——憋不住一点儿气"啊,这样不利于培养孩子提问的积极性。

烟袋杆子——黑心肠

释义 比喻人阴险毒辣或做事为达到目的而不择手段。

例句 你怎么连爸妈的养老金都骗啊,真是"烟袋杆子——黑心肠"。

烟袋锅里蒸包子——汽不大烟不小

释义 比喻成效不大,动静和声势却不小。有反讽意味。

例句 你们商场这促销的活动搞得这么隆重热闹,怎么没几个人买东西呢?真是"烟袋锅里蒸包子——汽不大烟不小"哇。

错把毛笔当刷子——不识货

释义 指分辨不出东西的好坏。

例句 这可是世界上少有的水晶,你竟然认为它不值钱,真是"错把毛笔当刷子——不识货"呀!

书桌上的笔筒——粗中有细

释义 本指粗笔筒中插着细的笔,现指粗心大意的人有时候也很注重细节。

例句 你别看他平时大大咧咧的，一旦遇上重要的事，那可是"书桌上的笔筒——粗中有细"。

笔杆子吹火——小气

释义 本指把笔杆当吹火筒用，气流小。现指人过分爱惜自己的财物，或指人气量小，心胸狭窄。

例句 什么？你说我"笔杆子吹火——小气"？我够大方了，你怎么能这么说呢？

铅笔擦子——知错就改

释义 指人知道自己做错了就及时改正。

例句 在生活中，我们难免会犯一些错误，只要我们大家做到"铅笔擦子——知错就改"，我相信没有解决不了的问题。

火钳子修手表——没处下手

释义 本指火钳太大，无法用来修表。现指事情复杂，无从入手，不知道该怎么做。

例句 他把这活做了一半就扔下不管了，现在让我接着做，真是"火钳子修手表——没处下手"。

拨好的闹钟——不到时候不打点

释义 比喻时机成熟才肯行动。

例句 谁说我抓不住机会，我这叫"拨好的闹钟——不到时候不打点"。走着瞧吧!好戏还在后头呢!

闹钟打哈哈——自鸣得意

释义 打哈哈:开玩笑,这里指闹钟响铃。比喻人自以为了不起。

例句 赛程已经过半,冠军非他莫属,于是他便显出一副"闹钟打哈哈——自鸣得意"的样子。

六点钟的分时针——顶天立地

释义 本指六点钟时,钟表上的分针和时针竖直呈一条线;现指人形象高大,气概雄伟豪迈。

例句 真正的男子汉应该是"六点钟的分时针——顶天立地"。

脱了毛的刷子——有板有眼

释义 指人说话、做事有条有理。

例句 他说的谎话如"脱了毛的刷子——有板有眼",大家都信以为真了。

竹筒倒豌豆——一干二净

释义 本指竹筒里的豆子一下就倒光了,现形容一点儿都不剩。

例句 经过一天的豪赌,他兜里带的钱早已是"竹筒倒豌豆——一干二净"了。

夜壶镶金边——什么神气(器)

释义 镶:将物体嵌入另一物体内或围在另一物体的边缘。器:与

"气"谐音。比喻没什么值得炫耀的。有反讽意味。

例句 他这个科长也是靠关系花钱买来的，自己什么本事也没有，真是"夜壶镶金边——什么神气（器）"！

一杆没星的秤——掂不出轻重

释义 指同等重要，分不出谁轻谁重。也形容人做事不知分寸。

例句 让你立刻去验刚进的货，你却要先打扫办公室，你真是"一杆没星的秤——掂不出轻重"啊！

一个墨斗弹出两条线——思（丝）路不对

释义 墨斗：木工用来打直线的工具，里面装有用丝或棉制成的墨线。丝：与"思"谐音。指想问题的方法不对。

例句 这道题你用辨析法来解就好比"一个墨斗弹出两条线——思（丝）路不对"，你可以试试用反证法，应该就可以解决了。

一个模子刻出来的——一路货色

释义 模子：模型。一个模子里刻出来的都是一个样子。指都是同样的东西，同一类事物。含贬义。

例句 他就会投机倒把，你整天坑蒙拐骗，我看你俩就是"一个模子刻出来的——一路货色"。

一根拨火棒——由人摆弄

释义 拨火棒：用来拨火以控制火势的棍子。比喻控制不了局面，处于被动状态之中。

例句 既然省里领导插手管这件事了, 我们还能怎么办? 只能 "一根拨火棒——由人摆弄" 了。

一只铅桶救火——压不住火

释义 用铅桶压的办法去救火是行不通的。多指解决困难的方法不可取, 无济于事。也指遇事易发脾气。

例句 你用借高利贷的方法来缓解公司的资金压力, 虽可解一时之急, 但是这样是 "一只铅桶救火——压不住火", 恐怕还会使我们越陷越深。

银锤打到金锣上——一声更比一声高

释义 用银锤敲金锣, 发出的声音清脆、响亮。多指新事物较之旧事物有明显的优势。

例句 咱们公司这次开发的新产品在市场上又是一炮打响, 销售量比上一批产品几乎翻了一番, 这个新产品现在可是 "银锤打到金锣上——一声更比一声高" 哇。

用放大镜看书——显而易见

释义 用放大镜看书, 看得很清楚。比喻非常明显, 很容易就能被看出来。

例句 这笔生意能成功, 你的功劳是 "用放大镜看书——显而易见" 的, 我们不会亏待你的。

知识窗

放大镜, 用来观察物体细节的简单目视光学器件, 是焦距比眼的明视距离小得多的会聚透镜。

用显微镜看人——谁都没他大

释义 比喻人自以为是, 过于看重自己。

例句 他平时不是"用显微镜看人——谁都没他大"吗？怎么今天低三下四地跑来求我呢？

用斧头劈水——白费力气

释义 用斧头劈水，斧头抽出来水就又合拢到一起了。比喻付出劳动没有收获，徒然耗费精力。

例句 他们已经决定了下一届学生会主席的人选，你再怎么努力也是"用斧头劈水——白费力气"。

用葫芦盛药——内情不清楚

释义 药装在葫芦里，从外面无法看到。比喻不知道真相或详细情况。也比喻人沉默寡言，不外露情感或情绪。

例句 虽然大家都支持你做年级大队长，可是老师却让小孙做了。我们对此事是"用葫芦盛药——内情不清楚"哇！

油锅滴水——噼噼啪啪炸响了

释义 指水滴入油中，油锅里发出连续爆裂的声音。形容场面或气氛突然热闹起来。

例句 当省委书记到达我们会场时，原本静悄悄的会场一下子如"油锅滴水——噼噼啪啪炸响了"。

拿杨柳当棒使——好大的劲

《水浒传》中的鲁智深原名鲁达，法名智深。出家后因有着一身好花绣，所以绰号"花和尚"，是《水浒传》中重要人物，梁山一百单八将之一。鲁达本在渭州小种经略相公手下当差，任经略府提辖。为救弱女子金翠莲，他三拳打死恶霸镇关西，被官府追捕。逃亡途中，经金翠莲的丈夫赵员外介绍，鲁达到五台山文殊院落发为僧，智真长老赐名说："灵光一点，价值千金。佛法广大，赐名智深。"

他从此有了安身之处，隐姓埋名过起了日子。可鲁智深在寺中难守清规戒律，结果酒醉后大闹五台山，智真长老只得让他去投东京汴梁大相国寺。

寺庙里的智仁长老分配他去看守菜园子。菜园附近有几个地痞，经常来偷菜。他们听说来了一个新和尚，就商量着要折腾他一番，给他一个下马威。

于是，他们以庆贺为名，想把他丢进大粪池里，

没想到他们反倒一个个被鲁智深制伏了。地痞们不但再也不敢对他胡来，还买来酒肉招待他，拜鲁智深为师父。

正当大家开怀畅饮时，外边忽然传来乌鸦的叫声，有人说："乌鸦叫，太不吉利了。"鲁智深问："它在哪里叫呢？"有人告诉他说："最近墙角边柳树上新添了个乌鸦巢，乌鸦就在那里成天聒噪。"

鲁智深乘着酒兴来到墙外，抬头一看，果然如此，大家七嘴八舌地议论着。这时，只见鲁智深走到树前，脱了上衣，右手向下，左手在上，弯腰抱住大树，向上一用力，就把那棵柳树连根拔起，当棒使了起来。

众人见了，一齐跪倒在地说："师父不是凡人，真是罗汉的身体，有千万斤的力气，了不起呀！"

"拿杨柳当棒使——好大的劲"，用来形容人力气大。

积累卡

与生活用品相关的歇后语

1.瞎子点灯——白费蜡 2.切菜刀剃头——太悬乎 3.照镜子——得意忘形 4.瓢里切瓜——滴水不漏 5.暖水瓶的塞子——赌气（堵汽） 6.破蒸笼蒸馒头——气（汽）不打一处来

答案

◆错公穿了错婆鞋——（错上加错）

◆二小穿军装——（规规矩矩）

◆鸡披袍子狗戴帽——（衣冠禽兽）

◆借票子做衣裳穿——（浑身是债）

服饰类 歇后语

FUSHI LEI XIEHOUYU

戴斗笠坐席子——独霸一方

释义 本指斗笠帽檐很宽，戴着它坐在席子上，别人无法再坐。现指人在某个领域或某方面称霸。

例句 当年，他是这一带有名的地主，可谓是"戴斗笠坐席子——独霸一方"啊！

戴起草帽打扬尘——没望

释义 指某事没希望。

例句 又一次遭到了用人单位的拒绝，林小强觉得自己是"戴起草帽打扬尘——没望"了。

冬瓜皮当帽子——霉上了顶

释义 本指冬瓜皮上的白粉沾到了头顶上，现指倒霉到了极点。

例句 前几天刚下岗的他，如今又得了重病，真是"冬瓜皮当帽子——霉上了顶"。

肩上戴帽子——矮了一头

释义 指个子比别人低。也指在某方面比别人差。

例句 他过分自卑，加上又没有什么本事，和别人在一起时，他总觉得自己是"肩上戴帽子——矮了一头"。

下雪天摘帽子——动（冻）脑子

释义 冻：与"动"谐音。指开动脑筋分析问题。

例句 在领导面前讲话，要"下雪天摘帽子——动（冻）脑子"，哪些话该说，哪些话不该说，你心里没有数？

卫生口罩——嘴上一套

释义 本指把口罩戴在嘴上。后指人言行不一，嘴上说一套，做的是另一套。

例句 小五那人向来是"卫生口罩——嘴上一套"，他的话是靠不住的。

单臂穿坎肩——留一手

释义 指没有把本事全部施展出来。

例句 你们之所以能下成平局，完全是因为他在下棋中"单臂穿坎肩——留一手"。

六月间做棉袄——早作准备

释义 形容事先有所准备。

例句 这场比赛对我们来说非常重要，我们必须"六月间做棉袄——早作准备"。

知识窗

棉袄：又称棉服、棉衣、袄子等。凡是内絮棉花、腈纶棉、太空棉、驼毛等保温材料的上衣均称为棉袄。棉袄有中式棉袄和西式棉袄之分。

189

拿着棒槌缝衣服——什么都当真（针）

释义 棒槌：捶打用的木棒。指对别人说的话全部信以为真。

例句 傻孩子，我跟你开玩笑呢，你怎么"拿着棒槌缝衣服——什么都当真（针）"哪！

卖了衣裳买酒喝——顾嘴不顾身

释义 讥讽人喝酒成瘾，其他都不顾。指人为图口舌之快而招来祸殃。也作：卖衣服买酒喝——顾嘴不顾身。

例句 聊到兴起，他们开始大肆批判领导，结果正好被领导发现，我看他们有点儿"卖了衣裳买酒喝——顾嘴不顾身"。

一层布做的夹袄——反正都是理（里）

释义 里：与"理"谐音。指不论在怎样的情况下都有道理。

例句 你就是脑子灵活，嘴皮子好使，不管说你什么，你都是"一层布做的夹袄——反正都是理（里）"。

两样布做夹袄——表里不一

释义 表：外表。里：内心。形容人的言论、行动和思想不一致。

例句 他是个"两样布做夹袄——表里不一"的人，外表看起来亲切和善，实际上一肚子坏水，不知道在打什么主意。

反穿皮袄——装佯（羊）

释义 佯：假装。指人故意装出某种姿态。

例句 别在那儿"反穿皮袄——装佯（羊）"了，你一定早就知道事情的真相了。

十五块布头儿做衣服——七拼八凑

释义 布头儿：裁剪后剩下的零碎布块儿。指勉强地把零散的东西拼凑在一起。

例句 学费对于某些贫困家庭还是比较大的负担，有些孩子的学费是父母"十五块布头儿做衣服——七拼八凑"来的。

丈二宽的大褂——大摇（腰）大摆

释义 形容人走路神气、旁若无人的样子。

例句 员工们正在办公室里开会，老张连门都没敲，就"丈二宽的大褂——大摇（腰）大摆"地闯了进去。

大年初一借袍子——不识时务

释义 旧时过年时男子要穿长袍。指人没有主见，跟不上潮流。也指人不知好歹。

例句 家人都在责怪他"大年初一借袍子——不识时务"，居然拒绝了外商的高薪聘请。

夹裤改单裤——没理（里）儿

释义 指做事没有理由、依据。

例句 这事不是他的错，是我"夹裤改单裤——没理（里）儿"，一切后果由我一人承担。

长袍改马褂——用不了的料

释义 马褂：旧时男子长袍外面罩着的对襟短褂。讥讽人毫无用处。

例句 你在这儿碍手碍脚的，净帮倒忙了，我看你真是"长袍改马褂——用不了的料"！

长袍马褂瓜皮帽——老一套

释义 过去男子的服饰很少，一般就是长袍、马褂和瓜皮帽这一整套。指还是原来的方式方法，没有变化。也作：长衫马褂瓜皮帽——老一套。

例句 多年不见，老马的生活方式和说话方式还是"长袍马褂瓜皮帽——老一套"，没有什么变化。

纸扎人穿衣服——端起架子来了

释义 纸扎人：用纸和高粱秆等扎的，常在办丧事时用的人形殉葬品。架子：双关语，本指人形支架，转指气势、派头。故意做出某种模样给人看，比喻只顾表面好看，不注重内容或实际效果。

例句 平时都是他找咱们帮忙，今天难得有点儿事找他帮一把吧，他倒"纸扎人穿衣服——端起架子"来了。

三九天穿单褂——抖起来

释义 抖：双关语，本指冷得哆嗦、发抖，转指摆威风、显神气。讥讽人因有了地位或发了财而扬扬得意或耍起威风的样子。也作：三九天穿单褂——威风起来。

例句 他最近做生意发了点儿小财，便"三九天穿单褂——抖起来"。

三九天穿裙子——美丽又动（冻）人

释义 冻：与"动"谐音。形容人长得漂亮，能打动人。

例句 米兰时装周的时候，模特争奇斗艳，一位位真是"三九天穿裙子——美丽又动（冻）人"。

土地菩萨穿衣服——有前无后

释义 神像都是靠墙塑的，所以像的前面往往彩绘装饰得十分精致，而后面就顾不到了。比喻做事有头无尾或顾前不顾后。

例句 小明做事是"土地菩萨穿衣服——有前无后"，刚学了几天钢琴，就坚持不下去，改学围棋去了。

穿皮袜子戴皮手套——毛手毛脚

释义 本指手、脚上穿戴的都是毛皮制品。现指做事手忙脚乱，不稳重。

例句 这点儿小事对你来说不是小菜一碟吗？怎么做起来还是"穿皮袜子戴皮手套——毛手毛脚"的？

穿西装戴小帽——不中不西

释义 比喻事物不伦不类，形式不统一。

例句 这部电影拍得像"穿西装戴小帽——不中不西"，将各种中外元素没头没脑地杂糅在一起。

穿蓑衣打火——惹火上身

释义 蓑衣：一种披在身上的防雨用具，用草或棕毛制成。指引火到自己身上，烧了自己。比喻自招灾祸、自讨苦吃或自取灭亡。也作：穿蓑衣救火——引火烧身。

例句 在这个节骨眼上去采访他们，简直是"穿蓑衣打火——惹火上身"。

穿新鞋走老路——因循守旧

释义 指思想保守，墨守成规，缺乏创新精神。

例句 社长是个"穿新鞋走老路——因循守旧"的人，他不可能批准你的建议。

脱了裤子放屁——多此一举

释义 指做了多余的事情。也作：脱了裤子放屁——多费一道手续 | 脱了裤子放屁——费两道手。

例句 你喝汤用勺就够了，还去拿筷子，不是"脱了裤子放屁——多此一举"吗？

裤头上吊钥匙——所（锁）挂哪一门

释义 锁：与"所"谐音。指不知道应该怎样选择才好。

例句 暑假是去参加夏令营呢，还是在家休息？我现在真是"裤头上吊钥匙——所（锁）挂哪一门"。

裤子没有腿——凉了半截

释义 凉：双关语，本指冷，转指灰心。比喻因发生了某种情况而使希望破灭，产生了灰心或失望的情绪。也作：裤子没腿——凉了半截了。

例句 一听到这个坏消息,我的心里就像"裤子没有腿——凉了半截"。

抬头只看帽檐,低头只看鞋尖——目光近

释义 形容一个人见识有限,眼界不开阔。

例句 主教练如果继续这样"抬头只看帽檐,低头只看鞋尖——目光近",完全依靠这些即将退役的主力队员,不抓住机会锻炼新队员的话,对球队的发展是不利的。

穿背心戴棉帽——不相称

释义 指不合适,不相配。也作:穿草鞋戴礼帽——不相称 | 穿汗衫戴棉帽——不相称。

例句 小王本领高强,却被安排在很低的位置上,这真是"穿背心戴棉帽——不相称"。

穿草鞋游西湖——忘了自己的身份

释义 西湖:在浙江省杭州市,为全国重点风景名胜区。讥讽人高估自己的能力。

例句 我看你是"穿草鞋游西湖——忘了自己的身份",刚学会唱歌就想开演唱会。

穿大衫戴礼帽——仪(衣)貌(帽)堂堂

释义 衣:与"仪"谐音。帽:与"貌"谐音。多指男子的长相英俊,外表出众。

例句 晓峰长得是"穿大衫戴礼帽——仪(衣)貌(帽)堂堂",非常帅

气，走到哪里都是人们关注的焦点。

穿钉鞋走泥路——步步落实

释义 指做事踏实、牢靠。

例句 计划再好，也需要"穿钉鞋走泥路——步步落实"。

先穿鞋子后穿袜——乱套

释义 比喻乱了次序，或是事情混乱，理不清头绪。

例句 你没有做好学习规划，各科作业一起写，结果错得一塌糊涂，岂不是"先穿鞋子后穿袜——乱套"？

脱了旧鞋换新鞋——改邪（鞋）归正

释义 鞋：与"邪"谐音。指不再干坏事。

例句 在几年的监狱生活中，他接受了彻底的改造，出狱后，他完全是"脱了旧鞋换新鞋——改邪（鞋）归正"了，勤勤恳恳地做起了小生意。

脱了鞋跑步——脚踏实地

释义 比喻做事认真踏实，实事求是，不浮夸。

例句 学习知识不能贪多急躁，要"脱了鞋跑步——脚踏实地"，才能把知识掌握得扎扎实实。

玻璃袜子玻璃鞋——名角（明脚）

释义 指人有名气。

例句 你可别看他是享誉世界的"玻璃袜子玻璃鞋——名角（明脚）"，人家一点儿名人架子都没有。

鞋头上刺花——前程似锦

释义 形容前途美好。

例句 邻居张哥哥在清华大学毕业后，又被保送出国学习，他可真是"鞋头上刺花——前程似锦"啊！

鞋帮儿改帽檐儿——高升

释义 鞋帮儿从低处一下子升到头顶部。讥讽人的职务突然得到大幅度提升。也作：鞋帮做帽檐——高升。

例句 他之前只不过是个小小的部门经理，可因为娶了董事长的女儿，就突然被任命为总经理了，这真是"鞋帮儿改帽檐儿——高升"啊！

小毛驴戴耳环——累赘

释义 指（事物）多余、麻烦，或是（文字）不简洁。也指使人感到多余厌烦。

例句 小刚要出门，爸爸让他带把伞，他说："大晴天的，带伞是'小毛驴戴耳环——累赘'。不会下雨的。"

长袍马褂瓜皮帽——老一套

要说清楚"长袍马褂瓜皮帽——老一套"这个歇后语的故事,还要从汉服说起。

汉服,又称汉衣冠,是中国汉族的传统服饰,是从黄帝至明末这段时期中,以华夏礼仪文化为中心,通过历代汉人王朝推崇周礼、象天法地而形成的千年不变的礼仪衣冠体系。

汉服是汉民族传承了四千多年的传统民族服装,是最能体现汉族特色及信仰的服装,是华夏礼仪文化的必要组成部分。汉服包括领、襟、裾、袂等十个部分,浓缩了华夏文化的纺织、蜡染、夹缬、锦绣等杰出工艺和美学,传承了30多项中国非物质文化遗产,体现了中国衣冠上国、礼仪之邦的美誉。

在清朝入关以前,汉服在中国流传了几千年。但是清兵入关以后,就沿途发布告示,命令汉人遵守本朝制度,这其中就包括要求汉人男子剃发、易服等。等清兵攻下江南之后,朝廷强制推行剃发令和易服令,强迫汉族男子一律改穿满族服装,

统一着长袍、马褂，戴瓜皮帽，不遵照制度的一律处死。此后，穿长袍、马褂，戴瓜皮帽，就成了清朝男子的典型服饰，一直流传下来。

后来，清朝的腐朽统治被孙中山领导的辛亥革命推翻，中华民族的服饰也进入了新时代，传统的长袍、马褂被许多新款式的衣服取代，人们基本上都不穿那一套了。但是还有很多守旧的人，思想上仍然遵从清朝的那一套，身上仍然穿着长袍、马褂。

著名的漫画家朋弟就根据这一点创作了在现代社会里还穿着长袍马褂、头戴瓜皮帽的守旧人物——"老夫子"。

"长袍马褂瓜皮帽——老一套"，用来指陈旧的一套，多指没有改变的习俗或工作方法。

【游戏室】

歇后语填空

◆错公穿了错婆鞋——（　　　　　　　　）

◆二小穿军装——（　　　　　　　　）

◆鸡披袍子狗戴帽——（　　　　　　　　）

◆借票子做衣裳穿——（　　　　　　　　）

（答案见正文第187页）

答案

◆汽车按喇叭——（靠边儿站）

◆骑牛追快马——（望尘莫及）

◆拿着鸡蛋走冰路——（小心翼翼）

◆螃蟹爬到马路上——（横行霸道）

动物类 歇后语
DONGWU LEI XIEHOUYU

小鱼穿在柳枝上——难解难分

释义 指感情很深，难以分开，或指比赛很激烈，难以分出胜负。

例句 在这次围棋比赛上，小张和小李两个人真是"小鱼穿在柳枝上——难解难分"。

蛟龙得云雨——终非池中之物

释义 蛟龙：传说中能兴云降雨的神异动物，统领水族。比喻人有不同寻常的才能，一定能成就大事。

例句 他在这个小公司工作可能有迫不得已的原因吧！正所谓"蛟龙得云雨——终非池中之物"，他迟早会离开这里，向IT行业迈进的。

螃蟹过河——七手八脚

释义 本指螃蟹足多，现指人多手杂，动作杂乱无章。

例句 这部机器太复杂了，很难修理，幸亏你们及时指点。如果没有你们，我们可是"螃蟹过河——七手八脚"，不晓得会乱成什么样子呢！

王八咬手指头——死不松嘴

释义 指嘴皮子很硬，无论怎样都不承认自己做过的事。

例句 同学们都看到是小周把图书角的宣传画撕坏了，可是他就是"王八咬手指头——死不松嘴"，硬说不是他撕的。

乌龟吃萤火虫——肚里明白

释义 萤火虫：腹部末端会发光的小昆虫。明：双关语，原指明亮，借指明白。本指乌龟吞了萤火虫，肚里就有了亮光，能看得明明白白。比喻对某件事一清二楚，只是不言语而已。

例句 好好学习才能取得好成绩，这么简单的道理你还用跟他讲？他是"乌龟吃萤火虫——肚里明白"，就是贪玩懒得学罢了。

乌龟过门槛——全看这一番（翻）了

释义 翻：与"番"谐音。比喻到了最关键的时候，成败在此一举。

例句 明天就要决赛了，你能不能夺冠，就是"乌龟过门槛——全看这一番（翻）"了。

挨打的乌龟——缩了脖子

释义 本指乌龟受惊缩头，现指人胆子小，畏畏缩缩，不敢出面负责任。

例句 别看他平时张牙舞爪的，一到关键时刻他就像个"挨打的乌龟——缩了脖子"。

黄鳝泥鳅——差不离儿

释义 形容大致差不多。

例句 他们俩一个是惯盗，一个是小偷儿，"黄鳝泥鳅——差不离儿"，都不是好人。

井底之蛙——没见过大天

释义 本指井底的青蛙只能看到井口大的天，没见过更大的天，现指人见识浅薄。

例句 李俪笑着说："你简直就是'井底之蛙——没见过大天'，连这东西也没见过！"

癞蛤蟆打哈欠——好大的口气

释义 口气：本指嘴呼出的气，引申为说话的气势。讽刺人说话口气大，自以为了不起。

例句 小刘又吹牛说："我不吃饭，能一口气把河水喝干……"王大妈讽刺道："哟，有这么大能耐？我看你是'癞蛤蟆打哈欠——好大的口气'呀！"

蛤蟆、蝎子、屎壳郎——各人觉得各人强

释义 讽刺人都自认为本领比别人强。

例句 他们几个呀，"蛤蟆、蝎子、屎壳郎——各人觉得各人强"，都认为自己本事大，我看还是碰的钉子少。

清水河里捞鱼儿——看得一清二楚

释义 指了解得清清楚楚。

例句 你不要认为我整天不吭声，就什么也不知道，我告诉你，对你干的那些偷鸡摸狗的事情，我是"清水河里捞鱼儿——看得一清二楚"。

蜗牛赛跑——慢

释义 蜗牛：一种软体动物，有壳，行动缓慢。与快相对，形容速度低。

例句 他是所有人中做事最细致的一个，但是速度实在是"蜗牛赛跑——慢"啊！

鳄鱼的眼泪——假得很

释义 鳄鱼：一种爬行动物，善游泳，性凶恶，传说鳄鱼进食猎物时都要流泪表示同情。指虚伪做作，没有真实性。

例句 这个犯罪嫌疑人，在人证物证面前，不肯认罪伏法，而且还装出一副可怜巴巴的样子，真是"鳄鱼的眼泪——假得很"！

> **知识窗**
>
> 鳄鱼的眼泪中盐分很高，这是因为鳄鱼的肾功能不完善，在水中又不流汗，无法将体内的盐分通过肾脏和汗腺排出，只能通过一种特殊的盐腺来排泄。

老鼠碰上猫——在劫难逃

释义 形容灾难不可避免。

例句 岳飞在接到皇上的圣旨后就知道自己是"老鼠碰上猫——在劫难逃"了。

蛇钻到竹筒里——只好走这条道

释义 指没有其他的办法，只能做这样的选择。

例句 洪水很快就要到来了，"蛇钻到竹筒里——只好走这条道"，必须开闸放水淹掉下面的几个村子，这样才能保住武汉长江大堤的安全。

打了兔子喂鹰——好处给了恶人

释义 指好处让坏人得了。

例句 厂长这样做，完全是"打了兔子喂鹰——好处给了恶人"：对本厂没什么好处，反而让其他的厂子占尽先机。

打猫吓唬狗——虚张声势

释义 指故意张扬声势以迷惑对方。

例句 他这样说，完全是"打猫吓唬狗——虚张声势"，其实他心里对这一切并没有底。

打死老鼠喂猫——好一个，恼一个

释义 指为了讨好一个人，却得罪了另一个人。

例句 小张夸小明说："只有你是最棒的！"旁边小王听了，马上变得不高兴起来。这真是"打死老鼠喂猫——好一个，恼一个"呀！

打蚊子喂象——无济于事

释义 指对事情没什么助益。

例句 议案已经通过，你再怎么反对也是"打蚊子喂象——无济于事"。

刺猬的脑袋——不是好剃的头

释义 比喻难对付的人或事情。

例句 "刺猬的脑袋——不是好剃的头。"这伙强盗非常狡猾，要对付他们可不容易。

肉包子打狗——有去无回

释义 本指狗咬走了肉包子，现专指人一去再不回来，或指东西被拿出去后再也收不回来。

例句 小刘说到这里，把双手一推，"你猜怎么样？'肉包子打狗——有去无回。'一个长期留在后方疗养，一个转地方工作。"（林江、烈岩《不屈的昆仑山》）

促织不吃癞蛤蟆肉——都是一锹土上人

释义 促织：蟋蟀。癞蛤蟆：蟾蜍的通称。癞蛤蟆和蟋蟀都要藏在土里过冬。比喻彼此都是同一类人，不会互相伤害。

例句 贪官和奸商总会互相包庇，因为他们是"促织不吃癞蛤蟆肉——都是一锹土上人"。

马散笼头——自由自在

释义 笼头：用皮条或绳子做成，套在骡、马等头上，用来系缰绳。形容轻松随便，不受约束。

例句 不管怎么说，他辞了这份工作，可算是"马散笼头——自由自在"了。

鸡抱鸭蛋——一场空

释义 抱：孵。形容做事白忙活，劳而无功，什么也没有得到。

例句 他心里念道："完了，完了，想不到忙了大半天，却落个'鸡抱鸭蛋——一场空'。"

热锅上的蚂蚁——团团转

释义 比喻人遇到十分难办的事情或陷入绝境，而又找不到解决的办法或出路。

例句 火车马上就要开了，哥哥在站台上等着弟弟一起上车，可是弟弟不知怎么搞的，一直不见踪影，哥哥急得像"热锅上的蚂蚁——团团转"。

才出壳的小鸡儿——嫩得很

释义 指初生的小鸡儿很娇嫩。比喻人阅历浅，不老练。

例句 别看他口出狂言，说要解决这个世界性难题，实际上他是"才出壳的小鸡儿——嫩得很"，学问和经验都极其欠缺。

耗子给猫挣胡子——溜须不顾命

释义 挣：用手指顺着抹过去，使物体顺溜或干净。溜须：本指挣胡须，现指溜须拍马。讽刺人不顾一切地献殷勤。

例句 他为了巴结上司，什么事情都可以干出来，所以同事都瞧不起他。有人说，他是那种"耗子给猫挣胡子——溜须不顾命"的人。

小巴儿狗撵兔子——要腿没腿，要嘴没嘴

释义 比喻什么本事也没有。

例句 你是"小巴儿狗撵兔子——要腿没腿，要嘴没嘴"，你如何能胜任这项工作！

馋狗等骨头——急不可待

释义 形容心情非常急迫或形势紧迫。

例句 一听到奶奶说给他买了新玩具，小明就一副"馋狗等骨头——急不可待"的样子，嚷着要奶奶把玩具拿给他看。

馋猫挨着锅台转——别有用心

释义 指人另有不可告人的企图。

例句 他叫你明天过去，分明是"馋猫挨着锅台转——别有用心"。你千万别上他的当。

老牛拉破车——慢慢吞吞

释义 形容行动缓慢，速度不快。

例句 大家都加把劲吧！总是这么"老牛拉破车——慢慢吞吞"的，什么时候才能完成生产指标啊？

小鸡啄簸箕——罢罢罢（叭叭叭）

释义 叭：拟声词，形容小鸡啄簸箕的声音，与"罢"谐音。指到此为止，坚决不干了。

例句 他同父母商量说："再给我一年时间，让我尝试自主创业吧，如果真的失败，我就'小鸡啄簸箕——罢罢罢（叭叭叭）'了。"

小毛驴拉火车皮——白费劲

释义 指白白浪费力气而没有作用。

例句 他这个人爱胡搅蛮缠，跟他讲道理就如同"小毛驴拉火车皮——白费劲"，他不会明白的。

羊羔子跪乳——懂点儿人性

释义 形容有人情味，懂得人情世故。

例句 老师病了，你知道回来看看，还算你"羊羔子跪乳——懂点儿人性"。

狗咬老鼠——多管闲事

释义 本指捉耗子是猫的事而不是狗的事，现专指人做了分外的事或管了不该管的事。

例句 "你真是'狗咬老鼠——多管闲事'，你又不是我的上司，我去不去上班关你什么事？"气头上的小红朝着老李怒吼。

狗咬太阳——不晓得天高地厚

释义 比喻不知做事的艰辛与困苦。也指不懂道理，愚昧无知。也作：狗咬月亮——不知天高地厚 | 狗吃太阳——不晓得天高地厚 | 狗要吃太阳——不知天有多高。

例句 小康做事没分寸，求人帮忙态度还这么傲慢，真是"狗咬太阳——不晓得天高地厚"。

野狗钻篱笆——两面受夹

释义 指两头或两方面都受到攻击，处境极为不利。也作：野猫钻篱笆——两头受夹。

例句 现在本行业销售市场竞争激烈，我们产品的价格几乎降到最低；而原材料市场却涨价迅猛，成本一度增高。现在我们是"野狗钻篱笆——两面受夹"，处境很不利呀！

野马斗獐子——专挑没角的整

释义 獐子：哺乳动物，外形像鹿，较小，没有角。没角：双关语，本指没有角，转指软弱。比喻专欺负好人或软弱的人。

例句 他这个人就是欺软怕硬，整天没事就欺负小胡这个老实人，真是"野马斗獐子——专挑没角的整"。

野猪拱窝儿——全靠一张嘴

释义 比喻完全依靠一张能说会道的嘴办事。也比喻只会吹牛，做不成实事。也作：野猪拱红薯——全靠一张嘴。

例句 他这个人办事就是"野猪拱窝儿——全靠一张嘴"，可不能相信他。

兔子的尾巴——长不了

释义 本指兔子的尾巴短，现指时间不会维持太久。

例句 人们都来到永定门外的便道上，怀着惊慌而又沉痛的心情去观看日军入城式。有人低声说："别看这些人现在耀武扬威，都是'兔子的尾巴——长不了'！"

小猴吃小象——亏它敢下口

释义 形容敢做自己能力之外的事，或吹嘘自己能办成别人做不到的事情。也作：小猴想吃大象——亏它敢下口。

例句 小杰平时成绩不太好，这次期末考试竟然说要考第一名，真是"小猴吃小象——亏它敢下口"。

蛇逮老鼠——要独吞

释义 本指蛇把老鼠整个吞下，现专指想独自拥有。

例句 这次的胜利可是大伙的功劳，不是你一个人的！你想"蛇逮老鼠——要独吞"，没门！

虎入羊群——无一敢当

释义 当：阻挡，抵挡。形容来势凶猛，没人敢站出来反抗。

例句 面对仓皇逃窜的敌人，我军战士如"虎入羊群——无一敢当"，没过多长时间，就把敌人全都俘虏了。

长颈鹿的脑袋——高人一头

释义 本指长颈鹿高，现指人水平或地位比别人高。

例句 在这次评选的论文当中，这篇论文是最优秀的，如同"长颈鹿的脑袋——高人一头"。

斑马的脑袋——头头是道

释义 本指斑马头上布满条纹，现指说话做事有分寸，条理清晰。

例句 别看他是个小孩，说起话来却是"斑马的脑袋——头头是道"。

熊瞎子打立正——一手遮天

释义 指倚仗权势，玩弄骗人手法，蒙蔽众人耳目。

例句 像这样的重大事件，组长是不能"熊瞎子打立正——一手遮天"的。

老虎屁股——摸不得

释义 比喻不能做，不敢惹。

例句 大家早就跟你说过，这个老板是"老虎屁股——摸不得"，一碰就有麻烦，可你偏不听，这回惹祸了吧？

不见兔子不撒鹰——做事稳当

释义 撒：放开。不看见兔子不放出猎鹰，指做事稳重，不急不躁。

例句 把事情交给他，我很放心，他这个人是"不见兔子不撒鹰——做事稳当"得很。

狗长犄角——出洋（羊）相

释义 犄角：牛、羊等头上长的角。讥讽人处境尴尬，闹出笑话来。

例句 这次上台表演，他不但穿着不得体，而且一直跳错舞步，真是"狗长犄角——出洋（羊）相"了。

小猪抢食——吃里爬外

释义 指受着某方面的好处，暗地里却为另一方面办事出力。

例句 我们做人要有原则，不能"小猪抢食——吃里爬外"。

懒驴上磨——不赶不会上道

释义 本指懒驴要赶才会上磨道，现指懒人有压力或在别人的催促下才去做事。

例句 这孩子，我看你是"懒驴上磨——不赶不会上道"，不看着你，你就不知道学习！

猴子的屁股——坐不住

释义 猴子生性好动坐不住，指人心情忐忑，难以安静下来。

例句 他是"猴子的屁股——坐不住",你想让他整天看书可不那么容易。

蝎子的屁股——独(毒)门儿

释义 毒：与"独"谐音。比喻特有的、唯一的、别人不会的技能或秘诀。

例句 这家餐馆的菜十分有特色,受到广大顾客的好评,大家都称厨师的手艺是"蝎子的屁股——独(毒)门儿"。

蚂蚁尿书本——识(湿)不了两个字

释义 指认识的字不多。

例句 你少在这里指手画脚的,"蚂蚁尿书本——识(湿)不了两个字",小学都没毕业,你懂个啥?

长虫吃了烟袋油——浑身哆嗦

释义 烟袋油：旱烟袋里残留的烟油,内含有毒素。蛇吃了烟袋油后因极度不适而浑身哆嗦。形容人因惊恐害怕等而全身颤抖。

例句 即使是现在,一想起被歹徒挟持的情景,小穆还是像"长虫吃了烟袋油——浑身哆嗦"。

长虫过篱笆——有空就钻

释义 篱笆：用竹子、芦苇或树枝等编成的环绕房屋或场地的隔墙。比喻善于利用一切可利用的机会。

例句 这伙人做起生意来就像"长虫过篱笆——有空就钻",根本不管有没有触犯法律。

长虫过门槛——点头哈腰

释义 形容恭顺或过分客气的样子。现也用以指虚伪的客气。

例句 他见到领导就像"长虫过门槛——点头哈腰"的。

雄鹰的翅膀——全靠练

释义 指真功夫、硬本领全靠艰苦磨炼而成。

例句 大家都夸爷爷太极打得好，问他有什么秘诀，爷爷说："这是'雄鹰的翅膀——全靠练'。"

喜鹊登枝——呱呱乱叫

释义 指人盲目叫嚷。

例句 早晨，小田一觉醒来就天南海北地侃起来，一旁睡懒觉的小张说："你不要'喜鹊登枝——呱呱乱叫'，还有人没起床呢！"

未出窝的麻雀嘴朝外——挨着了就吃

释义 还不会飞的小麻雀张嘴等着母雀喂食。比喻人一有机会就占便宜。

例句 每次社区发放物品他都要趁机多拿一份，可真是"未出窝的麻雀嘴朝外——挨着了就吃"。

鹦鹉学舌——人云亦云

释义 鹦鹉：鸟，头部圆，上嘴大，呈钩状，能模仿人说话。指像鹦鹉一样学人说话，人家怎么说，自己也跟着怎么说。形容人没有主见。

例句 作为部门领导，你必须有主见，你这样"鹦鹉学舌——人云亦云"的，让我们对你很失望。

啄木鸟啄树——劲儿全使在嘴上

释义 本指啄木鸟靠嘴啄木取虫吃，专指人爱说好话，也指说话厉害。

例句 他这个人能说会道，"啄木鸟啄树——劲儿全使在嘴上"，要是叫他亲自动手去干，他比谁都差劲儿。

> **知识窗**
>
> 人们通过高速摄影测算出啄木鸟啄树的冲击速度是每小时2080千米，而当啄木鸟的头部从树上弹回来时，它减速的冲击力也大得惊人。

乌鸦与喜鹊同巢——吉凶事全然未卜

释义 指前途未卜，究竟是好事还是坏事，尚不能确定。

例句 科长下午突然要找我谈话，这可是"乌鸦与喜鹊同巢——吉凶事全然未卜"啊，我的心里是真没底。

乌鸦占了凤凰枝——高攀

释义 高攀：双关语，既指往高枝儿攀登，又指跟地位、权势等比自己高的人结交或结亲。

例句 跟您这大局长做朋友，我这平头老百姓可是"乌鸦占了凤凰枝——高攀"了呀！

飞出笼子的雀儿——爱怎么飞就怎么飞

释义 比喻人得到了自由，不再受他人控制。

例句 我如今就像"飞出笼子的雀儿——爱怎么飞就怎么飞"，谁也管不着。

鸭子凫水——上面静，底下动

释义 凫：在水里游。本指鸭子凫水时，脚掌在水下划动。现指不露声色，私下里鼓劲儿。

例句 你呀，别光看小孙老实。这家伙简直就是"鸭子凫水——上面静，底下动"，狡猾着呢！

鸭子不吃瘪谷——肚里有货

释义 本指肚子里有油水，比喻心里有数或有知识、有能力。也作：鸭子不吃瘪稻——肚里有食。

例句 你别看小王平时少言少语的，不起眼，他可是咱们公司的专业技术骨干，他是"鸭子不吃瘪谷——肚里有货"。

公鸡头上一块肉——大小是个官（冠）

释义 冠：鸡冠，与"官"谐音。指不管职位高低，总算是个官。

例句 刚当上组长，就自以为了不起。说来也是，"公鸡头上一块肉——大小是个官（冠）"嘛。

南来的燕子北去的鸟——早晚都要飞的

释义 本指候鸟会随季节迁徙，现指人迟早要离去。

例句 我们这个镇子太小，工资又低，你们这些高才生是"南来的燕子北去的鸟——早晚都要飞的"。

家雀儿学老鹰——想得高了

释义 指人自不量力,想法不切实际。

例句 白杨林的农业简直是个阿斗,扶得起来吗?策勇啊,你是"家雀儿学老鹰——想得高了"。

蜻蜓点水——不深入

释义 雌蜻蜓贴水飞行,尾巴在水面点击,把卵产在水里。比喻人看事情过于表面化,没有看到实质。

例句 "做学问和做人一样,要踏踏实实,别像那'蜻蜓点水——不深入',到头来真正害的还是自己。"王老师语重心长地对学生说。

知了落在粘竿上——自投罗网

释义 粘竿:用来粘捕昆虫等的竿子。罗网:捕鸟、鱼等的网子。比喻把自己推向死路。

例句 刑警队的肖队长说:"如果那小子敢到咱这一片来捣乱,那可就是'知了落在粘竿上——自投罗网'了。"

趣味故事

狐狸带着老虎走——狐假虎威

"狐狸带着老虎走——狐假虎威"用来比喻借别人的权势吓人。

楚宣王当政期间，对一件事很不理解。一天，他问身边大臣："为什么各诸侯国都害怕楚国大将昭奚恤？"

诸位大臣听了这话，不禁面面相觑，无人回答。

这时，有个名叫江乙的大臣，向宣王讲了一则寓言故事：

"从前在某个山洞中有一只老虎，因为肚子饿了，便跑到外面寻觅食物。当它走到一片茂密的森林中时，忽然看到前面有只狐狸正在散步。它觉得这正是个千载难逢的好机会，于是，便一跃身扑过去，毫不费力地将它擒了过来。

"可是当它张开嘴巴，正准备把那只狐狸吃进肚子里的时候，狡黠的狐狸突然说话了：'哼！你不要以为自己是百兽之王，便敢将我吞食掉！你要知道，天帝已经命令我为"王中之王"，无论谁吃了我，都将遭到天帝极严厉的制裁与惩罚。'老虎听了狐

217

狸的话，半信半疑，可是，当它斜过头去，看到狐狸那副傲慢镇定的样子时，心里不觉一惊。老虎原先那股嚣张的气焰和盛气凌人的气势，竟不知何时消失了大半。虽然如此，它心中仍然在想：'我因为是百兽之王，所以天底下任何野兽见了我都会害怕。而它，竟然是奉天帝之命来统治我们老虎的！'

"这时，狐狸见老虎迟疑着不敢吃自己，知道它对自己的那一番说辞已经有几分相信了，于是便更加神气十足地挺起胸膛，然后指着老虎的鼻子说：'怎么，难道你不相信我说的话吗？那么你现在就跟我来，走在我后面，看看所有野兽见了我，是不是都吓得魂不附体，抱头鼠窜。'老虎觉得这个主意不错，便照着去做了。

"于是，狐狸就大模大样地在前面开路，而老虎则小心翼翼地在后面跟着。它们走了没多久，就隐约看见森林的深处，有许多小动物正在那儿争相觅食，但是当它们发现走在狐狸后面的老虎时，不禁大惊失色，立即狂奔四散。

"这时，狐狸很得意地掉过头去看看老虎。老虎目睹这种情形，不禁也有一些心惊胆战，但它并不知道野兽怕的是自己，而以为它们真是怕狐狸呢！"

故事讲完后，江乙转入了正题："大王如今有大片土地和百万军队，但全把它交给昭将军管辖，因此北方的诸侯国都怕他。其实他们怕的是您交给他的军队，就像深山老林中百兽害怕的不是狐狸而是老虎一样。"

积累卡

表达动物自不量力的歇后语

1.草蜢弄小鸡——自不量力　2.黄鼠狼拖牛——自不量力　3.蚂蚁搬石头——自不量力　4.螳臂当车——太不自量

植物类 歇后语
ZHIWU LEI XIEHOUYU

草原上的苇子——靠不住

释义 草原：这里指长满野草的低湿地。苇子：芦苇，茎中空。比喻不可靠，不值得信任。

例句 他说的话是"草原上的苇子——靠不住"的，你别轻易相信他。

蒺藜拌草——不是好料

释义 蒺藜：这里指草本植物蒺藜的果实，果皮上有尖刺。本指掺有蒺藜的草料要刺伤家畜，不是好饲料。现指不是好材料，或指人不做好事，不是好人。

例句 许老用急得尖起脆嗓门说："你看，'当泥鳅的不怕迷眼'，再丑的事，他也干得出来。你没见他老婆，'蒺藜拌草——不是好料'。"（杨朔《望南山》）

墙头上的草——哪边风硬哪边倒

释义 比喻人没有骨气，哪边势力大就投靠哪边。也指人没有自己的见解，任由他人摆布。

例句 小张这人我算是看透了，那是"墙头上的草——哪边风硬哪边倒"，当初你就不该指望他的。

石头后面的芽芽——见太阳迟

释义 比喻得到关照晚。也指人思想守旧，不思进取。

例句 现在的年轻人和我们那时相比，就好比"大田里的苗苗——得雨露早"，我们好比"石头后面的芽芽——见太阳迟"。

带刺的鲜花——好看却扎手

释义 扎手：双关语，既指刺手，又指难对付，难办。比喻某事看起来好处多，然而做起来却非常棘手。也指姑娘长得虽漂亮，但脾气很大，不易接近。也作：带刺的鲜花——好看可又扎手｜带刺的鲜花——好看是好看，有点儿扎手。

例句 她长得很美，但却是"带刺的鲜花——好看却扎手"，脾气极坏。

胸窝里栽牡丹——心花怒放

释义 怒放：盛开。心里乐开花。形容异常兴奋和喜悦。也作：胸窝里栽牡丹——心中乐开花。

例句 当我得知这次作文比赛我获得一等奖的时候，我真是"胸窝里栽牡丹——心花怒放"。

没根的浮萍——无依无靠

释义 浮萍：一种草本植物，浮在水面生长，须根垂直在水中。比喻人孤独，没有人帮助。

例句 老奶奶的亲人都去世了，如今只剩下她一个人，她成了"没根的浮萍——无依无靠"。

半夜收玉米——瞎掰

释义 瞎掰：双关语，本指在黑暗中胡乱地掰（玉米），后指不负责任地乱说一气。

例句 这个电影虽然拍得很精彩，但它的故事情节实在是"半夜收玉米——瞎掰"。人的手脚怎么可能快过子弹呢？

不搭棚的葡萄——没有架子

释义 指人虽身居高位但不自高自大，不装腔作势。

例句 周总理是"不搭棚的葡萄——没有架子"的人，对人态度非常亲切。

蚕豆儿开花——黑心

释义 黑：双关语，既指像墨的颜色，又指人心肠歹毒。蚕豆花本是白色的，但花心有紫斑，远看像黑色。形容人心肠狠毒。

例句 这家工厂专门生产假冒伪劣产品，它的老板真是"蚕豆儿开花——黑心"。

陈年谷子烂芝麻——不新鲜

释义 陈年：旧年，积年。比喻都是陈旧之物，没有新鲜感。

例句 他讲的这些事都已是"陈年谷子烂芝麻——不新鲜"了，可他还是津津乐道。

长白山的人参——越老越红

释义 指年龄越大越受到人们的尊重和追捧。

例句 孙爷爷技能扎实，经验丰富，虽然退休了，却有更多企业邀请他去为工人作指导，邻居们都感慨他是"长白山的人参——越老越红"。

三月里的桃花——红不了多久

释义 本指桃花开不久，现指人走红不了多久，或好名声持续不了多久。

例句 你不用怕，像他这种仗势欺人的家伙，那是"三月里的桃花——红不了多久"的。

水仙不开花——装蒜

释义 本指没开花时的水仙像蒜，现专指人装腔作势。

例句 瞧你那样，斗大的字不识一个，还给人家讲道理，别在那"水仙不开花——装蒜"啦！

芝麻开花——节节高

释义 芝麻：草本植物，茎直立，每长一节就开一层花。比喻生活一天比一天好。

例句 这些年来，农民们的收入提高了，生活是"芝麻开花——节节高"，一天更比一天好。

大白菜倒了秧——打根上坏了

释义 倒了秧：植物幼苗枯萎。打：从。本指大白菜的幼苗枯萎了，借指人心地不善良。

例句 原本以为通过说服教育能使这小子变好点儿，没想到他更变本加厉了，我看他是"大白菜倒了秧——打根上坏了"。

晒干的萝卜——蔫了

释义 本指萝卜失去水分而萎缩，现指人无精打采的样子。

例句 自从高考落榜后，他就像"晒干的萝卜——蔫了"，整天闷闷不乐的。

萝卜青菜——各有所爱

释义 指每个人的爱好都不一样。

例句 他们是孪生兄弟，哥哥爱好文学，弟弟爱好天文，真可谓是"萝卜青菜——各有所爱"。

倒瓤儿的冬瓜——一肚子坏水

释义 倒瓤儿：瓜果等从里面变质、腐烂。本指烂冬瓜内部全是腐臭的水。现指人心里没有好主意，坏透了。

例句 你跟他商量个啥劲儿，他是"倒瓤儿的冬瓜——一肚子坏水"，小心让他把你哄了。

成熟的芭蕉——黄了

释义 黄了：双关语，本指芭蕉成熟后颜色变黄，转指事情没有成功的希望了。也作：成熟的芒果——黄了 | 成熟的柚子——黄了。

例句 尽管经过了长达七天的谈判，但出于种种原因，这笔交易最终还是像"成熟的芭蕉——黄了"。

西瓜落地——滚瓜烂熟

释义 烂熟：熟透。熟透了的西瓜从瓜藤上滚落下来。比喻背诵得非常熟练。

例句 你只有把书读得像"西瓜落地——滚瓜烂熟"了，才能把知识融会贯通，否则在考场里难以很好地发挥。

打横切莲藕——多心

释义 本指藕的孔多，现指人疑心重，或用过多的心思。

例句 你这丫头，就是"打横切莲藕——多心"！刚才你姐姐说的是她自己，根本没你什么事儿。

麻袋里的菱角——喜欢冒尖儿

释义 本指菱角容易从麻袋里露出，现指人喜欢炫耀自己。

例句 他是"麻袋里的菱角——喜欢冒尖儿"，可得常给他提醒着点儿。

出土的甘蔗——节节甜

释义 比喻生活越来越好。

例句 刘老汉幸福地说："自从实行了包产到户的政策，咱农民的日子就如那'出土的甘蔗——节节甜'哪！"

> **知识窗**
>
> 甘蔗是甘蔗属的总称。甘蔗中含有丰富的糖分、水分，还含有对人体新陈代谢非常有益的各种维生素、脂肪、蛋白质、有机酸、钙、铁等物质，主要用于制糖。

花生剥了壳——好歹算个人（仁）

释义 仁：果核、果壳里较柔软的部分。指怎么说也算是个有用的人。

例句 她呀，虽然没有你那么能干，但也是"花生剥了壳——好歹算个人（仁）"哪，你不能这样贬低她。

花生的壳，大葱的皮——一层管一层

释义 指行政隶属关系明确，下级受上级制约。

例句 公司的制度是下级必须服从上级的安排，这叫"花生的壳，大葱的皮——一层管一层"。

春笋破土——节节高

释义 笋：竹的嫩芽，可以做菜，也叫笋子、竹笋。本指春天的竹笋长得快，现指人有进取心，不断进步。

例句 这孩子的学习成绩可谓是"春笋破土——节节高"，看来考上大学没什么问题。

老葫芦爬秧子——越扯越长

释义 喻指离开正题，牵出越来越多的其他事情。

例句 他平时说话都没个重心的，说着说着就跳到别的事上了，就这么一直跳来跳去能说很久，真的是"老葫芦爬秧子——越扯越长"。

九月的石榴——一肚子疙瘩点子

释义 指人很聪明，有一肚子的主意。

例句 小赵真是"九月的石榴——一肚子疙瘩点子"，不一会儿就想出了一个让大家惊叹的好方案。

大风吹倒梧桐树——有的说长，有的说短

释义 指背地里说人家闲话。也作：大风吹倒梧桐树——自有别人说长短 | 大风吹倒梧桐树——自有旁人话短长 | 大风刮倒梧桐树——自有旁人话短长。

例句 他毕业后天天宅在家里，对此街坊邻居们那是"大风吹倒梧桐树——有的说长，有的说短"。

山上的松柏——四季常青

释义 比喻一年四季都是绿的。

例句 革命烈士的奉献精神像"山上的松柏——四季常青"，永远鼓舞着我们向前进。

柳树开花——不结果

释义 指事情过程精彩，但没有结果。

例句 这次会议只讨论了一个问题，争论到最后，还是"柳树开花——不结果"。

棕树一生——任人千刀万剜

释义 棕树有褐色棕毛包在树干外面，棕毛可剥下来制绳、刷子等物品。比喻人软弱，任人宰割。

例句 旧社会的农民头顶着三座大山，深受压迫，就像"棕树一生——任人千刀万剜"。

趣味故事

拔苗助长——适得其反

《孟子》是一部儒家经典，记载了战国时期著名思想家孟轲的政治活动、政治学说、哲学理论和教育思想。这部书中有个故事十分有名：

有一个宋国人靠种庄稼为生，天天都必须到地里去劳动。

太阳当空的时候，这个宋国人头上豆大的汗珠直往下掉，浑身的衣衫都被汗浸得透湿，但他却不得不顶着烈日弓着身子插秧。

下大雨的时候，也没有地方可躲避，这个宋国人只好冒着雨在田间犁地，雨打得他抬不起头来，雨水和汗水一起往下淌。

可是这样劳累之后，他看着自己田里的禾苗好像没怎么长。他担心禾苗长不高，就天天到田边去看。

可是，一天、两天、三天……禾苗好像一点儿也没有往上长。他在田边焦急地转来转去，自言自语地说："我得想办法帮助它们生长。"

一天，他终于想出了办法，急忙奔到田里，把禾苗一

棵棵地拔起，这样，他从早上一直忙到太阳落山，累得精疲力竭。

他一回家，就高高兴兴地跟他儿子说："今天可把我累坏了，我让咱们家的禾苗比别人家的高了很多很多。你猜我用了什么办法，让自己家的禾苗比别人的高啊？如果你想知道的话就自己去看一下，保证给你一个惊喜！"说完，他躺在床上，心满意足地休息了。

儿子就觉得奇怪，他偏不信这个邪，于是拔腿就跑，一口气就跑到自己家的田里，一到那里，他就差点儿晕倒了——原来他父亲是把自己家的禾苗一棵棵地拔起来了，结果禾苗全部枯萎了。儿子就气呼呼地跑回家对父亲说："父亲，你知道你今天闯了多大的祸吗？"

那个自作聪明的父亲就气呼呼地答道："我怎么了啊？我没功劳也有苦劳啊，你怎么还这样说我啊！"于是儿子就对他说道："你这是耍小聪明！你如果这样做的话，我们的禾苗就永远不会长好！我们要用自己的能力去给禾苗营养，给它除草，只有这样禾苗才会长好。"

父亲终于明白了这个道理，从此以后他再也不这样做了，因为他明白了——一个人如果自己不付出努力，就想得到美好的结果，那是不可能的。只有自己付出了努力，才会有美好的结果。

"拔苗助长——适得其反"，用来形容违反事物发展的客观规律而主观地急躁冒进，就会把事情弄糟。

【游戏室】

歇后语填空

◆今年竹子来年笋——（　　　　　　　　）

◆高粱梗上结茄子——（　　　　　　　　）

◆黄连拌苦瓜——（　　　　　　　　）

◆八月的石榴——（　　　　　　　　）

（答案见正文第162页）

语言文字类 歇后语 YUYAN WENZI LEI XIEHOUYU

"万"字比"方"字——差了一点儿

释义 形容能力等稍稍逊色。

例句 跟小张比起来，小高的阅读水平还是"'万'字比'方'字——差了一点儿"。

两横加一竖——干

释义 干：做。指埋头做事，不讲空话。

例句 其实，发家致富没有什么捷径可走，就是靠"两横加一竖——干"呗！

"七"字两点——抖（斗）出弯来了

释义 "七"字左上角加两点，就成了"斗"字下面加个弯钩。斗：与"抖"谐音。讥讽人因境遇好而得意扬扬，不知道怎么显示才好。也作："七"字两眯——抖（斗）出弯来了。

例句 他炒股赚了很多钱，便迫不及待地向我们这些老同学炫耀他新买的豪宅和跑车，真是"'七'字两点——抖（斗）出弯来了"。

林大哥——木木的

释义 木：不灵敏。"林"字由两个"木"字组成。指人脑筋不灵活、愚钝。

例句 你看他每天也不爱说话，目光呆滞地瞅着前方，简直就是"林大哥——木木的"。

"人"字双着写——不从也得从

释义 两个"人"字构成"从"字。指迫于形势或外来压力，不得不顺从。

例句 我叫你过来，你就快点儿，磨蹭也无用，今天这事是"'人'字双着写——不从也得从"。

自大一点——念个"臭"

释义 "自""大"两字再加上一点就构成"臭"字。通常指人行为笨拙，或办事不高明。

例句 他并不认为自己设计的那个方案棒极了，他觉得自己其实是"自大一点——念个'臭'"。

"者"字旁边安只眼——有目共睹

释义 "目"字和"者"字构成"睹"字。指人人都可以极为明显地看见。

例句 别总认为自己耍点儿小聪明就很高明，事实上，是非曲直都是"'者'字旁边安只眼——有目共睹"的。

"心"字头上一把刀——忍

释义 "心"上加"刃"构成"忍"字，刃指刀上锋利的部分，这里以刃代刀。指忍受，忍耐。

例句 她是爱唠叨，可她也是为你好，你就"'心'字头上一把刀——忍"一点儿嘛！

兔子掉尾巴——免了

释义 "兔"字去掉一点就成了"免"字。指去掉，免除。

例句 农业税收给农民生活带来了负担，真没想到从去年开始，"兔子掉尾巴——免了"！这下可乐坏了老百姓。

"师"字头上去了横——真帅

释义 "师"字去了右边的一横，就成了"帅"字。形容男人英俊、潇洒、风流倜傥。

例句 哇！你看那边走过来的那个小伙子，实在是"'师'字头上去了横——真帅"啊！

"王"字少一横——有点儿土

释义 "王"字去掉上面一横就成了"土"字。指人不时髦、不前卫。

例句 他刚从老家来到城里，言行举止、衣着打扮都与城里人格格不入，真是"'王'字少一横——有点儿土"。

和尚的住处——妙（庙）

释义 形容非常优秀。

例句 他把孙老师写的对联张贴起来，称赞说："你们看，这上面的字可真是'和尚的住处——妙（庙）'啊！"

> **知识窗**
>
> 庙，古代本是供祀祖宗的地方。后来，世间贤人逝者，可依律建庙，如孔庙、二王庙等，皆是仰止贤圣，即得妙法之地，故称"庙"。

打柴人回山庄——两头担心（薪）

释义 薪：柴草，与"心"谐音。比喻心悬两处，焦虑不安。

例句 在外打拼多年，他常常是"打柴人回山庄——两头担心（薪）"，既害怕厂里业绩不好，又害怕远在家乡的儿子缺少照顾。

打鱼船上吃饭——绰绰有余（鱼）

释义 鱼：与"余"谐音。形容物力、财力等很宽裕，用不完。

例句 凭我的本事，赢得这个比赛实在是"打鱼船上吃饭——绰绰有余（鱼）"。

大海当中打落剑——唠叨（捞刀）

释义 捞刀：与"唠叨"谐音。指说起话来没完没了。

例句 秦阿姨平时总是说话说个没完，大家都说她是"大海当中打落剑——唠叨（捞刀）"。

小姑娘梳头——自便（辫）

释义 指不勉强，按照自己的意愿去做。

例句 到这儿之后，就跟在自己家一样，千万别客气，想吃什么、用什么，你就"小姑娘梳头——自便（辫）"吧！

没嘴的茶壶——道（倒）不出来

释义 比喻人不善言谈，有学问或心里有话却说不出来。

例句 他心里有数，只是如同"没嘴的茶壶——道（倒）不出来"。

数九天不戴帽——动动（冻冻）脑子

释义 数九天：指一年中最冷的时候。指做事要开动脑筋，三思而后行。

例句 你也真是的，"数九天不戴帽——动动（冻冻）脑子"嘛，不要光靠别人想办法。

光头打伞——无法（发）无天

释义 指人做事不考虑后果，鲁莽行事。

例句 你竟然敢这样对父亲说话，我看你真是"光头打伞——无法（发）无天"了！

碗底的豆子——历历（粒粒）在目

释义 历历：一个一个清清楚楚的。比喻看得很清楚。

例句 去年我们一起去朝阳公园玩，现在想起来那情景仍旧是"碗底的豆子——历历（粒粒）在目"。

阿公吃黄连——苦也（爷）

释义 黄连：多年生草本植物，根状茎味苦，可入药。爷：与"也"谐音。指遭罪或身上的担子很重，压力很大。

例句 他好意提醒别人，却被人误认为是图谋不轨，他心里头是"阿公吃黄连——苦也（爷）"。

斗笠丢了——冒（帽）失

释义 斗笠：一种遮阳挡雨的帽子。指做事鲁莽、轻率。

例句 也许我说这话是"斗笠丢了——冒（帽）失"，但我是真心实意地想帮你。

小碗吃饭——靠天（添）

释义 指事情不是自己所能控制、掌握的，只能听天由命。

例句 要想改变咱们村的贫穷面貌，不能"小碗吃饭——靠天（添）"，而是要靠科学种田。

矮子过河——安（淹）了心

释义 淹：与"安"谐音。形容人事先就已怀着某种主意、打算、念头等（多为不良的），或在某事上已拿定了主意。也比喻做事下定决心，决不动摇。

例句 他做出这种事，是"矮子过河——安（淹）了心"的。

趣味故事

"心"字头上一把刀——忍

　　三国时期，蜀国的君主刘备为了夺回荆州，并为死去的二弟关羽报仇雪恨，在公元221年亲自带领大军征讨东吴。蜀军声势浩大，一直打到夷陵。

　　当时，由于战事告急，东吴的局势变得非常严峻，这时，孙权不顾众人劝阻，坚持任命年轻有为的陆逊为大都督，命他带领5万人马前往夷陵迎战。

　　陆逊是孙策的女婿，但他在吴军将领中资历较浅。而那些归他指挥的诸将，有的是跟随孙权征战多年的老将，有的是皇亲贵戚。他们对年轻的书生陆逊当都督这件事很不服气，甚至不肯服从陆逊的命令，暗中违抗军令，我行我素，弄得军心涣散，毫无战斗力。这种情形让陆逊十分着急。

　　陆逊临危受命，压力不小，又要忍受大家对自己的嘲讽和侮辱，但他没有退缩，反而选择了忍。光忍也解决不了问题。他敏锐地感觉到，自己当前最大的压力不是来蜀军，而是来自于东吴内部；只有解决好内部矛盾，才能顺利迎击蜀军的进攻。

　　最后，陆逊想出了一个不是办法的办法。他决定不和大家绕弯子，有话直说。于是，他召集众将，手握宝剑高声叫道："刘备的实力天下人都知道，连曹操都有些怕他。现在他率大军攻进我们的领地，是我们的强敌，我们绝不可以轻视他！

　　"我希望众将军以大局为重，同心协力，共同消灭来犯之敌。

　　"我虽是一个书生，但既然主上任命我为大都督，你们只好服从我的命令。

　　"主上之所以委屈诸位将军，使你们屈尊于我，就是因为我还有一点微薄的能力，能够忍辱负重。说实话，忍的滋味真不好受，我能感觉到你们对我的轻视、质疑，甚至嘲讽，甚至侮辱……忍，就好像心头上有一把刀，日日夜夜，让我感到钻心的痛楚。但我从当前的大局出发，把这些都忍了下来。

"今后，希望你们各负其责，不容推辞，军令如山，违者必按军法从事。"

陆逊这番话，将情况全部挑明了，表明诸将的心思自己都知道，这下，诸将心中虽有不服，但行动上再也不敢违抗他的命令了。

在这次演说之后，陆逊取得了彻底的指挥权。但他是一个深得战术要领的人，他没有急于和刘备当面作战，无论蜀军将领如何叫骂，陆逊就是坚守不出，时间竟然长达七八月之久。这一招，再次体现了陆逊"忍"的功夫之高！后来，他利用蜀军大意轻敌的弱点，打败了蜀军，才取得了这场夷陵之战的胜利，也使自己从此声名大振，在吴军中树立了无人能取代的威望。

夷陵之战，是中国古代战争史上一次著名的积极防御的成功战例。可以说，陆逊凭借着过人的忍耐力，取得了这场战役的胜利。而"'心'字头上一把刀——忍"这句谚语似乎更好地诠释了陆逊的军事才能的内涵。

【游戏室】

歇后语填空

◆八仙过海   （   ）

◆泥菩萨过江   （   ）

◆蚕豆开花   （   ）

◆打破砂锅   （   ）

（答案见正文第272页）

名著类 歇后语 MINGZHU LEI XIEHOUYU

关云长赴会——单刀直入

释义 据传，东吴为讨回荆州，请关羽赴宴，企图在宴会上杀害关羽。关羽毫不畏惧，只带一把大刀前往，席间谈笑自如，宴后安然返回。指说话、做事不转弯抹角。

例句 经理说了几句开场白便"关云长赴会——单刀直入"，直奔会议主题去了。

刘备对孔明——言听计从

释义 指完全按照某人说的去做。

例句 你对他如同"刘备对孔明——言听计从"。

看《三国》掉眼泪——替古人担忧

释义 《三国》：指长篇历史小说《三国演义》，元末明初罗贯中著。指为无关紧要、无所谓的事情而忧心忡忡。

例句 你的宝贝儿子就够你管教的了，我女儿怎么样你就别劳神了，你还"看《三国》掉眼泪——替古人担忧"呢？少来这一套吧！

诸葛亮摆八卦阵——内有奇门

释义 奇：据《三国演义》记载，诸葛亮曾布下石阵，名叫八卦阵，阵门神奇，让敌军能进难出。指表面看起来普通平凡，里面却高深莫测。

例句 刚学会小魔术的刘小乐晃了晃脑袋，得意地对他的朋友说："嘻嘻！我的魔术是'诸葛亮摆八卦阵——内有奇门'啊！不信，我给你们露两手。"

张飞绣花——粗中有细

释义 张飞：蜀汉大将。本指张飞鲁莽，却能做精细的绣花活。现指做事粗心大意的人也有细心的时候。

例句 老葛是个有名的马大哈，这回出门，他关了煤气阀，拔了电视插头，这分明是"张飞绣花——粗中有细"嘛！

阿斗当太子——扶不起来

释义 形容人没有能力，即使有人帮助也办不成事。

例句 补习班上了那么多，成绩还是没提上来，气得老爸直骂他是"阿斗当太子——扶不起来"。

> **知识窗**
>
> 三国时期蜀汉后主刘禅，小名阿斗。蜀汉被灭后，他投降了曹魏。在一次宴会上，司马昭问他是否思念家乡，刘禅答："这里有歌舞有美酒，我怎么舍得回蜀地去呢？"后人常用"阿斗"来形容懦弱无能、不思进取之人。

周郎妙计安天下——赔了夫人又折兵

释义 《三国演义》中东吴都督周瑜设计，假意把孙权妹妹嫁给刘备，骗刘备到东吴迎亲，想乘机扣留刘备以讨回荆州。结果弄假成真，刘备带着孙权的妹妹安全逃离东吴。吴兵追赶，又被诸葛亮的伏兵打败。比喻想占便宜，反而受到双重损失。

例句 你偏要贪小便宜，把电脑送去街边小店那儿修，结果钱没少出，电脑却没修好。现在，厂家也不给修了，看你怎么办！你真是"周郎妙计安天下——赔了夫人又折兵"啊！

徐庶进曹营——一言不发

释义 据《三国演义》记载，徐庶本为刘备的谋士，后被迫归附曹操，他发誓不为曹操出谋献计。指什么话都不说。

例句 老王平时极善言谈，可是今天好像有什么心事，到这儿之后是"徐庶进曹营——一言不发"。

司马昭之心——路人皆知

释义 路人：路上的行人。据《三国演义》记载，司马昭为魏国权臣，企图夺取帝位。指非分的想法很容易被人看出来。

例句 他玩的那点儿小把戏是"司马昭之心——路人皆知"，他还以为别人都蒙在鼓里呢。

三国归司马——完了

释义 完：结束。魏、蜀、吴均被司马家族打败，群雄割据的时代结束了。指事情结束了。也指失败了，垮掉了。

例句 终场哨响起的那一刻，队员们都知道他们本赛季已经是"三国归司马——完了"。

好汉上梁山——逼出来的

释义 梁山：即梁山泊，在今山东省。据《水浒传》记载，众好汉由于各种原因被逼到这里造反。指不是自己情愿做的事，而是被逼无奈才去

239

做的。

例句 巧生在一个深夜从家里跑了出来，因为当地军阀总是强征壮丁，他这样做是"好汉上梁山——逼出来的"。

梁山泊的军师——无（吴）用

释义 吴用：《水浒传》中的梁山军师。指没有用武之地。

例句 我看我还是先回去吧！在这儿我也是"梁山泊的军师——无（吴）用"，帮不上什么忙。

宋江的绰号——及时雨

释义 宋江：《水浒传》中的梁山首领，绰号"及时雨"。绰号：外号。比喻在别人最需要帮助的时候，及时伸出援助之手。

例句 刚好这台机器坏了，你的到来真是"宋江的绰号——及时雨"啊，麻烦你帮忙修一下吧！

杨志卖刀——忍痛割爱

释义 指忍受痛苦放弃心爱的东西。

例句 既然老领导喜欢上了我这把珍藏的宝剑，我也就只能"杨志卖刀——忍痛割爱"了。

林冲到了野猪林——绝处逢生

释义 据《水浒传》记载，高俅在陷害并发配林冲后，让人在野猪林结束他的性命，但林冲被赶来的鲁智深所救。指在最危急、最绝望的时候有了生的希望。

例句 敌人在他后面紧追，眼前却横着一条大江，在这紧急关头，一个渔民从芦苇丛里划出一只小船，帮了他的大忙，这可真是"林冲到了野猪林——绝处逢生"啊。

武大郎卖烧饼——迟出早归

释义 《水浒传》中说，武松知道潘金莲作风不正以后，临外出时嘱咐他哥哥武大郎少做一些烧饼，每天迟出早归，不要喝酒，以免惹是生非。比喻人懒惰，出工晚，收工早。

知识窗

武大郎，古典文学名著《水浒传》中的人物，武松之兄，潘金莲之夫。他身材矮小，相貌丑陋，为人老实忠厚。由于发现妻子红杏出墙而死于其妻之手。

例句 你这出摊位做买卖总是"武大郎卖烧饼——迟出早归"的，怎么挣得到钱哪？

武松打虎——气概不凡

释义 据《水浒传》记载，好汉武松过景阳冈时，曾打死过猛虎。形容某人有超凡、勇猛的气质。

例句 庄绍见萧吴轩如"武松打虎——气概不凡"，不同流俗，也就特别亲近他。

孙二娘开店——谋财害命

释义 孙二娘：《水浒传》中的人物，曾开黑店谋害过路客商。谋：图谋。指设计谋害别人并夺取其钱财。

例句 "孙二娘开店——谋财害命"式的不法行为必须严厉处罚，这样才能维护社会的长治久安。

柴进散家产——仗义疏财

释义 指为人耿直，讲道义，对钱财不在乎。

例句 他是"柴进散家产——仗义疏财"的人，作为朋友，绝对靠得住。

> **知识窗**
>
> 柴进，古典文学名著《水浒传》中的主要人物之一，绰号"小旋风"。他精通武艺，仗义疏财，曾帮助过林冲、宋江等人，人称"柴大官人"。

黑旋风的本名——理亏（李逵）

释义 李逵：与"理亏"谐音。形容理由不足，行为不合道理。

例句 晓峰自觉是"黑旋风的本名——理亏（李逵）"，只好主动道了歉。

孙猴子回花果山——一个跟头栽到了家

释义 孙猴子：即孙悟空，《西游记》中说他住花果山，会腾云驾雾，翻一个跟头就是十万八千里。本指孙悟空驾筋斗云回到了花果山，现指糟糕透顶，难以振作。

例句 这一回，我算是真的出了气了，而他则是"孙猴子回花果山——一个跟头栽到了家"啦！

孙悟空碰着如来佛——毫无办法

释义 据《西游记》记载，孙悟空无论怎样，也跳不出如来佛的手掌心。指摆脱不了现实或身处的某种状况。

例句 你说的比唱的还好听，对于你这样的油嘴滑舌之人，我是"孙悟空碰着如来佛——毫无办法"呀！

猪八戒吃人参果——哪里品得出啥滋味来

释义 据《西游记》记载，猪八戒偷吃人参果时，将其整个吞下，不知果子是什么味道。比喻完全不了解事物的奥妙和意境。

例句 儿子不满地对爸爸说："我才刚上初中，你就让我读这么难的文章，那就像'猪八戒吃人参果——哪里品得出啥滋味来'啊？"

白骨精说人话——妖言惑众

释义 白骨精：《西游记》中的妖怪。惑：迷惑。指用迷惑人的邪说来欺骗百姓。

例句 你可别"白骨精说人话——妖言惑众"，这可是人命关天的大事呀。

唐僧念经——一本正（真）经

释义 真：与"正"谐音。形容人很正派、规矩、庄重。也作：唐僧念佛经——一本正（真）经。

例句 班长小小年纪，就一副"唐僧念经——一本正（真）经"的样子，做事周到、公正，在班里威信很高，深受同学们的拥护。

知识窗

唐僧，古典文学名著《西游记》中的主要人物之一，历史上确有其人，即玄奘，又称三藏法师，唐朝著名高僧。他以远行西域取经而闻名于世，整理翻译了诸多经文，为后世留下了宝贵财富，影响深远。

王母娘娘请客——聚精会神

释义 精：妖精。神：指各路神仙。妖精和神仙都是王母娘娘宴请的重要客人。形容精神高度集中，全神贯注。也作：王母娘娘开蟠桃会——聚精会神｜王母娘娘开蟠桃宴——聚精会神。

例句 罗教授讲课非常精彩，底下听课的学生，一个个都是"王母娘娘请客——聚精会神"哪！

贾宝玉看林妹妹——一见如故

释义 据《红楼梦》记载，贾宝玉与林黛玉第一次见面时都觉得彼此似曾相识。指第一次见面就觉得曾经是老朋友。

例句 不知为什么，第一次见到他我就有"贾宝玉看林妹妹——一见如故"的感觉，这或许就是所谓的缘分吧！

林黛玉葬花——自叹命薄

释义 指感叹自己命运不好。

例句 他从前总是"林黛玉葬花——自叹命薄"，现在终于改变了这种观点，决定振奋精神，拼搏一把了。

刘姥姥进了大观园——什么都新鲜

释义 《红楼梦》里讲，农妇刘姥姥去贾府，头一次进大观园，每到一处都感到新鲜有趣。比喻对什么都感到新奇。

例句 小亮第一次来到海滨，感觉自己就像"刘姥姥进了大观园——什么都新鲜"。

宝玉湘云哭贾母——各有各的伤心处

释义 指人各有各的烦恼。

例句 工厂破产了，工人们拿不到欠发的工资，老板追不回投入的资产，他们真是"宝玉湘云哭贾母——各有各的伤心处"。

范进中举——高兴得疯了

释义 形容高兴到了极点。

例句 听到儿子考上大学这个好消息,老康一时就像"范进中举——高兴得疯了"。

> **知识窗**
>
> 范进,古典文学名著《儒林外史》中的主要人物之一,他热衷于科举,向往功名利禄,性格虚伪怯弱。

姜太公的坐骑——四不像

释义 坐骑:供人骑的马,也泛指供人乘坐的动物。四不像:中国特有的动物麋鹿,由于它的角像鹿,尾像驴,脸像马,颈像骆驼,但整个来看哪种动物都不像,所以人称"四不像"。传说姜太公的坐骑就是这种动物。比喻不伦不类的人或事物。也作:姜子牙的坐骑——四不像。

例句 他发明的这样东西真是"姜太公的坐骑——四不像",刚见到它的人都不明白它有什么用途。

薛仁贵的行头——白跑(袍)

释义 薛仁贵:名礼,山西绛州龙门(今山西河津)人,唐朝时的大将,因身穿白袍,又叫白袍将。行头:泛指服装。袍:与"跑"谐音。指花费了时间但没干成事儿。也作:薛仁贵不叫薛仁贵——叫白跑(袍)。

例句 最近我哥哥在跑村路修复的项目,结果最终也没能申请下来,真是"薛仁贵的行头——白跑(袍)"。

趣味故事

周瑜打黄盖——一个愿打，一个愿挨

东汉末年，周瑜和诸葛亮商量好了要联合起来抵抗从北方南下的曹操，双方军队在长江两岸对峙。

周瑜和诸葛亮设下计谋让曹操把战船都连在一起后，他们的火攻方案就更加可行了。可是，得先派一个人去曹操那里诈降，在诈降时趁机火烧曹军战船。但是，派谁去好呢？周瑜拿不定主意。这时，老将黄盖自告奋勇要去诈降。可是，曹操是个多疑的人，他是不会轻易相信别人的，更何况是东吴的忠臣老将黄盖呢？于是，在诈降之前，周瑜和黄盖上演了一出苦肉计。

第二天，周瑜召集诸将于大帐之中。他命令诸将各领取3个月的粮草，分头做好破曹的作战准备。黄盖打断周瑜的话茬，抢先说："不要说3个月，就是支用30个月的粮草，也无济于事。如果这个月内能打败曹操，那再好不过了；如一月之内不能击溃他，倒不如依了张子布的主意，干脆束手投降。"周瑜听到这种灭自家威风、长他人志气，动摇军心的投降论调后，勃然大怒，喝令左右将黄盖推出帐外，要将其斩首示众。

黄盖也不示弱，他以江东旧臣的资格倚老卖老，根本就没把周瑜放在眼里。这就越发使周瑜怒不可遏，他立即下令从速将黄盖斩决。周、黄矛盾的激化使诸将不安。大将甘宁以黄盖乃东吴旧臣为由，替黄盖求情，结果被一阵乱棒打出大帐。众文武一见大都督火冲脑门，老将黄盖死在眼前，就一齐跪下，苦苦为黄盖讨饶。

看在众人的面子上，周瑜这才松了口，将立即斩决改为重打100脊杖。文武百官还觉得杖罚过重，仍苦求周瑜抬手。周瑜此次寸步不让，他掀翻案桌，斥退文武百官，喝令速速行杖。行刑的士兵立即把黄盖掀翻在地，剥光衣服，狠狠地打了50脊杖。众官员见状，再次苦苦求免，周瑜这才恨声不绝地退入帐中。周瑜和黄盖导演的双簧苦肉计，几乎瞒过了所有的文武官员。唯独一人心里清楚，一言不发，袖手旁观，他就是诸葛亮。

这50军棍将黄盖打得也真够惨的，他皮开肉绽，鲜血迸流，一连昏死过去几次。其他将领来探病时，黄盖守口如瓶，只是长吁短叹，似乎有许多难言的隐情。当他的密友阚泽抱着怀疑的态度前来探病时，黄盖才道出了实情，并转请素有忠义和胆识的阚泽替他潜去曹营献诈降书信。

曹操这才相信了黄盖是因为恨周瑜而真心投靠他的。结果曹操上当了，周瑜得以火烧赤壁，将曹操几十万大军全部打败，并由此而奠定了三分天下的局面。

"周瑜打黄盖—— 一个愿打，一个愿挨"指双方为了同一个目的，共同来作假使别人相信。泛指事情的发生是两相情愿的。

【游戏室】

歇后语连线

八仙过海	现了原形
龙王爷作法	小看大仙
隔门缝儿看吕洞宾	呼风唤雨
白娘子喝了雄黄酒	各显神通

（答案见正文第326页）

经济类 歇后语 JINGJI LEI XIEHOUYU

铜钱做眼睛——认钱不认人

释义 讽刺人只看重金钱、地位，不讲究人情。

例句 他没有朋友，最主要的原因在于他是"铜钱做眼睛——认钱不认人"。

借一角还十分——分文不差

释义 指一点儿也不差。

例句 "阿姨，这是找您的钱，'借一角还十分——分文不差'，您数数吧。"小丽亲切地说。

秀才见官——不贵（跪）

释义 跪：与"贵"谐音。旧时秀才是有功名的人，见了官可以不像平民一样下跪。指价格不贵。

例句 当妈妈看到我花一百多块钱买的书时说："这真是'秀才见官——不贵（跪）'。"

二分钱开当铺——周转不开

释义 比喻经济紧张，资金周转不灵。

例句 晓东最近的日子过得是紧巴巴的，总感觉手头缺钱，真是"二分钱开当铺——周转不开"啊。

踩着银桥上金桥——越走光景越好

释义 比喻前途光明，日子越过越红火。

例句 这些年，我们家的日子越过越好，爷爷高兴地说自己是"踩着银桥上金桥——越走光景越好"。

眼睛瞪着孔方兄——见钱眼开

释义 孔方兄：钱，旧时的铜钱有方形的孔。见到钱财就眉开眼笑。形容人贪爱钱财。

例句 找站长帮忙你得送礼，他就是"眼睛瞪着孔方兄——见钱眼开"，只有送够了钱财，他才肯帮忙的。

结清了的账单——一笔勾销

释义 指把账一笔抹去，或指不计前嫌，一切从现在开始。

例句 我们的恩恩怨怨从此像"结清了的账单——一笔勾销"，谁也不欠谁的。

叫花子拨算盘——穷有穷的打算

释义 指穷人也为未来做计划。

例句 长松兴奋地抽了口烟说："婶子，这是我对你说的，我倾家荡产买这块地，是'叫花子拨算盘——穷有穷的打算'，好地咱买不起，只能买下这种一葫芦打两瓢的砂碣（今作砂姜）坡。可咱有力气，不怕吃

苦。"（李準《黄河东流去》第七章）

抱着金砖跳海——人财两空

释义 空：里面没有东西或没有内容。指人和财物都遭受了损失。也作：抱着金砖跳海——人财两丢|抱着金砖跳海——人财两去。

例句 他原本想借这个机会大赚一笔的，结果钱没挣着，妻子也跟他离婚了，这真是"抱着金砖跳海——人财两空"。

带着秤杆买小菜——斤斤计较

释义 斤斤：双关语，既指斤两，又指过分计较。指对一些细小的无关紧要的事物过分计较。也作：带着秤买小菜——斤斤计较。

例句 老曾这人真是"带着秤杆买小菜——斤斤计较"，向他借的东西擦破点儿皮他也要别人赔。

没本钱的买卖——赚得起赔不起

释义 指买卖只能赚不能赔，或指事情只能成功不能失败。

例句 （老武）又怕这些小伙子们偷偷出去闯乱子，于是说道："……咱们做的是'没本钱的买卖——赚得起赔不起'，大家伙出个主意，想个计策才好！"（马烽等《吕梁英雄传》）

名牌货便宜卖——物美价廉

释义 便宜：价钱低。廉：便宜。指货物质量好，价钱便宜。

例句 为什么你每次都能买到"名牌货便宜卖——物美价廉"的商品呢？我怎么就遇不到这样的好事啊？

大风天里卖炒面——吹了

释义 指交情或事情破裂，没有达到预期的效果。

例句 由于资金短缺，他这次投资办厂的事又"大风天里卖炒面——吹了"。

拾麦打烧饼——纯赚

释义 赚：获得利润。指没有本钱，净得利润或好处。

例句 你只要跟着我一起干就行了，不让你担任何风险的，到了年底，你是"拾麦打烧饼——纯赚"。

抱着元宝跳井——舍命不舍财

释义 讽刺人把钱看得比命还重要。

例句 挣钱是挺重要，但是身体也很重要，千万不能"抱着元宝跳井——舍命不舍财"啊！

一枪打死个苍蝇——不够火药钱

释义 一枪打死一个苍蝇，还不够火药钱。比喻付出的没有收到的多，十分不值得。也作：一枪打死个跳蚤——不够火药钱。

例句 收购这个快要倒闭的企业，我们不但要承担他们的债务，补发他们拖欠员工的巨额工资，还要重新投资更新他们的设备，真是"一枪打死个苍蝇——不够火药钱"，我看还是算了吧。

用铜板当眼镜——满眼都是钱

释义 铜板：又叫铜圆，从清代末年到抗日战争前通用的铜质辅币，圆形。多用来形容人唯利是图。

例句 方老板这个人就是"用铜板当眼镜——满眼都是钱"，找他合作不给他大利润，他是肯定不会答应的。

一壶醋的赏钱——小恩小惠

释义 比喻为了笼络他人而给人微不足道的小利益。有反讽意味。

例句 他这是"一壶醋的赏钱——小恩小惠"，你不要被此蒙住了眼睛，犯下错误。

猪笼落水——孔孔都是入口

释义 比喻财源广进，处处赚钱。

例句 咱们公司今年真是好运哪，投资什么生意什么生意就赚钱，真是"猪笼落水——孔孔都是入口"啊。

赵公明的儿子——认钱不认人

释义 赵公明：民间指财神。讽刺人过分看重钱财，为了钱财可以不顾情面。

例句 你爸爸都病成那样了，你家财万贯，都不肯拿出钱来给他医治，你真是"赵公明的儿子——认钱不认人"哪！

赵国的和氏璧——价值连城

释义 形容物品极珍贵，价值极高。

例句 这是世间仅存的夜明珠，还是宋太祖年间的呢，真是"赵国的和氏璧——价值连城"啊！

珍珠掺着绿豆卖——一样价钱也抱屈

释义 绿色的珍珠远远地看上去与绿豆相似。常用来比喻有能力的人与无能的人混在一起，难免有委屈之感。

例句 与这样的人一起工作，他不但帮不上忙，还总是拖大家后腿，我们可真是"珍珠掺着绿豆卖——一样价钱也抱屈"呀。

猪肉青菜一个锅炒——难免要给别人沾油

释义 指避免不了别人沾点儿光。也作：猪肉青菜一锅炒——难免要给别人揩掉油水 | 猪肉青菜一锅炒——难免要给别人沾掉油水。

例句 大家合伙做生意，这钱也不可能都让你赚了去，这是"猪肉青菜一个锅炒——难免要给别人沾油"的嘛。

打油钱不买醋——专款专用

释义 指专项资金只能用于专门的项目。

例句 "打油钱不买醋——专款专用"，这笔钱是用来购买新设备的，绝不能用于领导吃喝应酬。

看病先生开棺材铺——死活都要钱

释义 指人极其贪财，不管怎样都要把钱拿到手。

例句 他是个"看病先生开棺材铺——死活都要钱"的人，借给别人把雨伞都想收费。

买个麻花不吃——为的看这股劲儿

释义 指要看看别人有多大劲头。

例句 高厂长说："我买这些东西回来，不是为了看的，而是为了刺激你们的头脑，这叫'买个麻花不吃——为的看这股劲儿'。"

买个帽子放进怀里——不对头

释义 帽子应该戴在头上，放在怀里不是地方。比喻情况不正常、不合适。也比喻合不来或不正确。

例句 这是六一儿童节晚会，你却唱了一首歌颂劳动者的歌曲，这有点儿"买个帽子放进怀里——不对头"。

买罐子打了鼻——往后别提了

释义 提：双关语，本指提起（某物），转指提到（某事）。本指罐子把摔了没有办法提，转喻不要再提某件事了。也作：买个罐子打了把——甭提了。

例句 这次的事情我知道错了，以后一定尽力改正，恳请各位同学"买罐子打了鼻——往后别提了"。

买了肝肺来不上碗——用心

释义 上碗：做成菜盛到碗里。心：双关语，本指做菜上碗的心，转指心思，心力。指小心谨慎或用心力去做事。

例句 要想搞好思想道德建设，除了积极组织学习，还要保证学习效果，这需要我们"买了肝肺来不上碗——用心"。

买四两棉花——访（纺）一访（纺）

释义 纺：与"访"谐音。指访问调查一下。

例句 小华最近学习成绩下滑得厉害，作为班主任老师，你是不是得"买四两棉花——访（纺）一访（纺）"？

卖门神掉江里——人财两空

释义 指人和钱财都丧失了，什么也没得到。

例句 由于人贩子在中间使了手脚，冯公子既花了银两，又没娶到英莲，最后落了个"卖门神掉江里——人财两空"。

卖糖的敲锅——豁出老底啦

释义 过去的糖是用锅熬出来的，敲破了锅便不能再熬了。指把所能牺牲的都牺牲了，希望获取某些东西或某种胜利。比喻为了某种目的而不惜付出任何代价。也作：卖糖的砸锅——豁出老本来了。

例句 为了能让儿子考上好的艺术学校，这夫妻俩辞职全力陪同，真是"卖糖的敲锅——豁出老底啦"。

卖水的过河——眼下尽是钱

释义 河里是水，水能卖钱，所以卖水的人眼睛看见的全是钱。比喻人非常贪财。

例句 葛朗台的一辈子，眼里没有亲人，他的所作所为表明他是"卖水的过河——眼下尽是钱"。

卖糖人儿和捏洋号的——能吹

释义 糖人儿：用糖稀吹的人或鸟兽等。捏洋号的：指吹奏西式喇叭的人。吹：双关语，本指吹气、吹奏，转指吹嘘。讥讽或责骂人就会说大话。

例句 你别看他答应得挺快，其实他根本办不了这事，他是"卖糖人儿和捏洋号的——能吹"。

卖油的不打盐——不管闲（咸）事

释义 咸：与"闲"谐音。比喻不管与自己无关的事。

例句 这次出去旅游，希望各位注意安全，尽量"卖油的不打盐——不管闲（咸）事"。

卖油的敲锅盖——好大的牌子

释义 牌子：双关语，本指招牌，转喻人的架势。讽刺人神气十足、盛气凌人的样子。也作：卖油的敲锅盖——为的是显大牌子。

例句 她从小娇生惯养，经常目中无人，典型的"卖油的敲锅盖——好大的牌子"。

姜太公做买卖——样样赔本

《封神演义》书中描述的姜子牙，又名吕尚。他帮助周文王、周武王推翻了商朝的残暴统治，协助武王开创了一个崭新的朝代。但他在被周文王发现、重用以前，生活过得十分艰难。

传说姜太公小时候家里特别贫穷，他出身特别低微，谁都看不上他。

为了生存，姜太公除了给人算卦，还选择去做小买卖。不做大买卖的原因谁都想得出来：没资本。那姜太公做买卖怎么个赔法呢？他又做了哪些生意呢？

第一回，卖编筐、笊篱。姜太公是边走边卖，后来卖到了朝歌——当时的都城。可是人家朝歌人都什么家景，都是贵族，谁家需要你那个筐、你那个笊篱啊？结果姜太公上那儿卖了一天，自己连饭都没吃着，饿得不行，第二天不卖了。

第二回，卖面粉。姜太公从北到东、从东到南、从南到西、从西到北转一圈，终于开张了，有一家人来买面了。这一买面不要紧，得拿秤称啊，但是姜太公不认识秤，人家说来五斤面粉，他也不知道五斤是多少啊，那人家当然

就随便拿了。姜太公不让人拿，两下就打起来了，这一打起来面粉全撒地上了，最后人家也没给他钱，这第二笔买卖又赔了。

第三回，开酒店。姜太公变聪明了，在一个特别热闹的地儿——校场口开了个酒店。校场口是新兵训练的地儿，那里人山人海，全是新兵在训练，一些家长也跟着陪着，车水马龙的。所以第一天生意特别火。他一看这么多人排着队，赶紧宰猪、牛、羊，赶紧做饭，什么点心都蒸出来。结果羊也宰了，猪也宰了，牛也宰了，点心也蒸出来了，忽然一场瓢泼大雨，这些东西全被淋湿了。瓢泼大雨之后艳阳高照，这些东西都晒干了，但也没法吃了，这买卖赔得精光。

第四回，贩卖牲口。开酒店惨赔以后，姜太公心想："酒店生意好，需要猪、牛、羊，那我可以卖牲口给酒店。"由此可见姜太公还真是灵活的主儿。只可惜人算不如天算，等他变卖了全部家产，把所有的钱都买了牲口，然后到朝歌去卖时，不巧正好赶上这一天求雨禁屠，不让杀猪、牛、羊。这点儿东西都被查抄了，姜太公一文铜钱都没有了。

所以我们说，姜太公做买卖——样样赔本。那叫不做不赔，少做少赔，多做多赔，越做越赔，赔光为止。他做买卖跟他日后领兵打仗，完全不一样。由于在生意场上的完全溃败，姜太公终于转向了从政的道路，并最终辅周灭商。

"姜太公做买卖——样样赔本"，用来形容人不善于做生意，样样亏损，不赚钱。

【游戏室】

歇后语连线

卖汤圆的跌跟头　　　　　　别开生面

卖烧饼的进家　　　　　　　居心不良（量）

卖米不带秤　　　　　　　　送货上门儿

卖饺子的磨麦粉　　　　　　倾家荡产

（答案见正文第284页）

数字类 歇后语

SHUZI LEI XIEHOUYU

一个巴掌拍不响——孤掌难鸣

释义 本指一个巴掌拍不出声,专指势力弱,难以成事。

例句 无论他说什么你都别开口,他一个人说还不是"一个巴掌拍不响——孤掌难鸣"。

一个槽里的两头叫驴——拴不到一起

释义 比喻两个都不能容忍对方的人合不到一块儿,或无法共事。

例句 他们两个一见面就拌嘴,谁看谁也不顺眼,真是"一个槽里的两头叫驴——拴不到一起"。

一个驴屎蛋十两银——难受

释义 指一个驴屎蛋卖十两银子,让人难以接受。比喻身体或心里不舒服。

例句 这感冒闹了好几天,头疼、咳嗽、浑身无力,真是让我感觉"一个驴屎蛋十两银——难受"啊!

二三四五六七八九——缺衣(一)少食(十)

释义 一:与"衣"谐音。十:与"食"谐音。指穷苦人连吃穿都发愁。形容特别穷困。

例句 即使在现在，也还有许多偏远地区的中国人过着"二三四五六七八九——缺衣(一)少食(十)"的生活。

二尺长的吹火筒——只有一个心眼

释义 吹火筒：生火时用来吹气鼓风的短管，一般是竹制的。比喻人呆板、愚钝，想得不全面。

例句 他可不像你所说的那么油腔滑调，其实，他是"二尺长的吹火筒——只有一个心眼"。

二不愣打枣——乱拨捞

释义 二不愣：指莽撞的人。打枣：用竹竿敲打树枝，成熟的枣就会自动落下。拨捞：方言，拨拉，划拉。形容随心所欲，胡乱做事。

例句 他做事从不听人劝告，只喜欢"二不愣打枣——乱拨捞"，按自己的意思胡来。

二斤肉换个虾米——不值得

释义 指没有价值或意义。

例句 费了这么大劲才搞这么一件小发明，真是"二斤肉换个虾米——不值得"。

二郎神出战——尽是天兵天将

释义 比喻都是本领高强、神通广大的人。

例句 小郑初到这个班，感觉班里是"二郎神出战——尽是天兵天将"，高手众多。

三个半人抓螃蟹——七手八脚

释义 指人多手杂，动作忙乱。也形容头绪多，不知所措。

例句 由于排队的人太多，发礼品的时候秩序有点儿混乱，我们几个人忙得好像"三个半人抓螃蟹——七手八脚"。

三个鼻窟窿眼儿——多出这口气

释义 讥讽人多管闲事。也指人自以为不可缺少，实际上是多余的一个。也作：三个鼻子眼——多出你这口气。

例句 项目经理已经对对方的失误表示了谅解，你还不依不饶的，真有点儿"三个鼻窟窿眼儿——多出这口气"。

三个厨子杀六只鸡——手忙脚乱

释义 形容做事慌张，没有条理。

例句 团体操表演的时候，各位同学一定要镇静，千万不要"三个厨子杀六只鸡——手忙脚乱"。

三个指头捡田螺——不费吹灰之力

释义 形容事情做起来非常容易，不费力气。

例句 这次考试的题目都是之前练习时出现过的，做起来那真是"三个指头捡田螺——不费吹灰之力"。

三个铜板摆两边——一是一，二是二

释义 铜板：古代铜制钱币，圆形中有方孔。三个铜板分放两边，一边一个，另一边两个。形容说话或做事有原则、讲信用。也作：三个铜钱摆两边——一是一，二是二 | 三个铜钱放两处——一是一，二是二 | 仨大钱摆两摆——一是一，二是二。

例句 社会主义市场经济条件下，经商讲的"信誉"二字，简单来说就是"三个铜板摆两边——一是一，二是二"。

三下子少了一下子——还有两下子

释义 表扬人有本事。

例句 真没看出来，平时他不显山，不露水，到了关键时刻，真是"三下子少了一下子——还有两下子"。

无三的弟弟——无事（四）

释义 四：与"事"谐音。指游手好闲，无所事事。

例句 小牛都二十岁了还不学无术、不参加劳动，每天就是"无三的弟弟——无事（四）"，到处闲逛，就靠父母养活。

四两棉花八张弓——细谈（弹）细谈（弹）

释义 弓：弹棉花时用的工具。指详细地交谈。

例句 这几天我们俩都不太忙，咱们可以静静地坐下来"四两棉花八张弓——细谈（弹）细谈（弹）"了。

五更天唱曲子——高兴得太早了

释义 五更天：天快亮的时候，旧时一夜分为五更，每更约两个小时。指做事没有长远打算，只顾眼前，盲目乐观。

例句 这件事没你想得那么简单，你别"五更天唱曲子——高兴得太早了"。

五个和尚化缘——三心二意

释义 指心里想这样又想那样，形容犹豫不决或意志不坚定。

例句 你总是不专心，学习起来是"五个和尚化缘——三心二意"的，这样下去，你的学习成绩什么时候才能提高啊？

> **知识窗**
>
> "和尚"源自梵语，它是印度对博士、亲教（亲承教诲）师的通称。在中国佛教典籍中，"和尚"一般为对佛教师长的尊称，不是任何人都能称的。后成为僧人的通称。

五个老倌两根胡子——稀（须）少

释义 老倌：方言，老年男子。须：胡子，与"稀"谐音。指稀奇古怪，很难见到。

例句 他家刚出生的双胞胎是背靠背长在一起的连体儿，这样的事情可真是"五个老倌两根胡子——稀（须）少"哇。

五个指头——一把手

释义 原指五个指头正好是一只手。喻指在某一领域或行业占据最重要位置的人。

例句 王哥现在可是我们公司销售部的"五个指头——一把手"，大家都得听他的。

六片加一片——欺骗（七片）

释义 七片：与"欺骗"谐音。指用虚假的语言或行动来掩盖事实真相，使人上当。

例句 这个人卖的是假冒伪劣产品，他刚才分明在"六片加一片——欺骗（七片）"顾客。

六指儿抓痒——多一道子

释义 道子：手指抓痒时留下的痕迹。比喻多余的动作或多余的人。也作：六指儿搔痒——多这一道子｜六个指头搔痒——多来一道｜六个指头搔痒——多那么一道子｜六个指头挠痒痒——多出一道子｜六指儿搔痒——额外多一道子｜六个指头搔痒——多来了一道｜六个指头搔痒——多一条道道。

例句 你的舞跳得很好，缺点就是最后有点儿像"六指儿抓痒——多一道子"，有一个动作是多余的。

七被二除——不三不四

释义 指不像这，也不像那。多用以形容行为不端，作风不正派。

例句 这个年轻人曾因为偷盗入狱两年，是个"七被二除——不三不四"的人，你怎么跟他打起了交道？

七斤面粉三斤浆——糊里糊涂

释义 浆：较浓的液体。本指用糊状物涂抹，专指人不明事理，对事物的认识模糊或混乱。

例句 我们面临的情况相当复杂，一定要保持清醒的头脑，不能"七斤面粉三斤浆——糊里糊涂"的。

七个矮人睡一头——低三下四

释义 指地位、身份等很卑下，低人一等。也指恭顺卑屈。

例句 他刑满出狱后，始终觉得自己是个"七个矮人睡一头——低三下四"的人，会被人看不起。

七个馍馍顶一斤——不够头

释义 指人不够成熟或做某事不够资格。

例句 他虽然是我们篮球队的主力，但是要选他担任队长，我觉得他是"七个馍馍顶一斤——不够头"。

七个婆婆拉家常——说三道四

释义 指任意乱讲，随意批评指责他人。

例句 一些人在网络上不负责任地攻击别人，这种"七个婆婆拉家常——说三道四"的做法，给很多人造成了伤害。

七个人睡两头——颠三倒四

释义 指错乱、没有秩序。形容思路、言语等条理不清，颠倒混乱，毫无次序。

例句 班会上，小明的发言真是"七个人睡两头——颠三倒四"，听得老师和同学们一头雾水。

八仙桌打掌子——四平八稳

释义 八仙桌：旧时的大方桌，每边可坐两人。掌子：这里指钉在马、驴、骡子蹄下的铁制品，可使蹄子耐磨，从而使行动平稳。指言行稳重，或做事只求不出差错，却没有创意。

例句 你应该把这件事交给小王办，他向来遇事不乱，如"八仙桌打掌子——四平八稳"。

八尺水沟六尺跳板——搭不上

释义 跳板：多指供人上下船用的长板。搭不上：双关语，本指木板的长度不够，现比喻因为事物之间没有联系而难以扯到一起。

例句 这两件事情完全是"八尺水沟六尺跳板——搭不上"。

八个歪脖坐一桌——谁也不正眼看谁

释义 指对立双方彼此轻视，谁都不把谁放在眼里。

例句 他们两个人闹矛盾很久了，一直到现在还是"八个歪脖坐一桌——谁也不正眼看谁"。

八斤半的王八中状元——规（龟）矩（举）不小

释义 龟：指王八，与"规"谐音。举：指中举，与"矩"谐音。比喻规矩太多。

例句 写一个演讲稿还讲究这么多，看来这个单位是"八斤半的王八中状元——规（龟）矩（举）不小"。

八个歪头站一排——各有各的姿态

释义 比喻每个人都有自己的性格特点，都有自己的独特之处。

例句 他们几个小伙伴是"八个歪头站一排——各有各的姿态"，不过他们虽然性格各有不同，但都勤奋好学，乐于助人。

八百斤鸡毛捆在旗杆上——好大的胆（掸）子

释义 掸子：指用鸡毛绑成的除去灰尘的用具。掸与"胆"谐音。比喻人的胆子太大了。常含贬义。

例句 他不遵守学校纪律，上课还公然顶撞老师，真是"八百斤鸡毛捆在旗杆上——好大的胆（掸）子"。

九毛加一毛——时髦（十毛）

释义 指人的衣着、行为时尚前卫，赶潮流。

例句 看你这一身打扮，哪里像是农村姑娘啊，真是"九毛加一毛——时髦（十毛）"。

九个鸡蛋掉地上——四分五裂

释义 形容事物不完整或不团结。

例句 没想到刚成立才两个月，这个组织就因内部矛盾变得像"九个鸡蛋掉地上——四分五裂"了。

九牛一毛——微不足道

释义 微：小。足：值得。道：说。指意义、价值等小得不值得一提。

例句 当时大家都认为这是个"九牛一毛——微不足道"的小毛病，谁也没想到它这么难处理。

十里高山望平原——往远处看

释义 本指远望，现专指做事目光长远，考虑周全。

例句 作为公司领导，必须具备"十里高山望平原——往远处看"的素质，才能带领员工在激烈的市场竞争中立于不败之地。

三十里骂知县——无用

释义 知县：封建时代的官名。不敢当面骂官，相隔三十里骂。比喻人无能。也指做事不起作用。

例句 醉酒驾车被抓了才说下次一定注意，这真是"三十里骂知县——无用"，照罚不误。

三十六丈的绳子提水够不着底——真深

释义 本指井深，形容人的学识非常渊博。也作：三十六丈的绳子够不着底——真深。

例句 这次演讲的嘉宾从明清历史讲到文化产业发展，可见他的学识那是"三十六丈的绳子提水够不着底——真深"。

百货大楼卖西装——一套一套的

释义 本指西装成套卖，现指人做事有条不紊，或形容人会说话。

例句 你可别看他人小，他说起话来可是"百货大楼卖西装——一套一套的"。

五百罗汉斗观音——兴师动众

释义 兴、动：发动。本指为了战争动员百姓，大规模出兵，现多指动用大量人力。

例句 这次美国国务卿访华，我们不得不"五百罗汉斗观音——兴师动众"一番，出动大量警力维持社会治安。

五百年前的老槐树——盘根错节

释义 形容纵横交错。比喻事物关系错综复杂，难以处理。也比喻某种势力根深蒂固，不易消除。

例句 这个案子牵涉人员众多，案情更是"五百年前的老槐树——盘根错节"，侦破起来困难重重。

千军万马捉老鼠——兴师动众

释义 比喻发动很多人去做某件事，带有不必要的意味。

例句 为了应对下午的全校卫生大检查，全班同学在班长的带领下把教室彻底打扫了一遍，却耽误了两节课，这不是"千军万马捉老鼠——兴师动众"吗？

千人大合唱——异口同声

释义 指大家的说法一样。

例句 对于他的讲话，与会的人员越说越难听，最后竟"千人大合唱——异口同声"地发出藐视的嘲笑声。

担百斤行千里——任重道远

释义 比喻做事艰难，责任重大。

例句 现在项目才刚开始，要完成它是"担百斤行千里——任重道远"。

布机上的棉线——千头万绪

释义 布机：即织布机。比喻事情的头绪非常复杂纷乱。

例句 听了父亲的这番话，儿子的脑海里不禁像"布机上的棉线——千头万绪"，他很后悔自己当初误解了父亲。

单根青丝拴扇磨——千钧一发

释义 青丝：黑发，多指女子的头发。意思是危险得好像千钧重量的东西吊在一根头发上。比喻情况万分危急。

例句 眼看落水儿童就快被汹涌的洪水冲走了，在这"单根青丝拴扇磨——千钧一发"的时刻，王老伯挺身而出救了落水儿童。

趣味故事

七窍通六窍——一窍不通

　　有一个地主，家里非常有钱，但是他的独生子脑袋非常笨，看见书本就头疼，不是对先生发脾气，就是想着法儿逃课。因此，地主连着请了好几个老师都教不会他什么东西。地主非常着急，最后他就花大价钱，从外地请了一个很有名的先生做儿子的老师。

　　但是，这个独生子生性愚笨，每天就知道吃喝玩乐，根本不想去读书。这位先生即使再有本事，到这里也是白费时间，先生很是生气，又没法直接说。

　　到了年底，该给先生结账了，地主满怀希望地问先生："我的独生子最近读书有没有长进？"先生面无表情地回答说："七窍通了六窍。"地主听了，以为儿子大有进步，很是高兴，付了不少学费让名师回家过年。然后，他逢人便用这位名师的话来夸儿子。

　　大家都在暗地里嘲笑地主愚蠢，却没有人说破。有一天，家里来了一位客人，他是个心里藏不住话的人，他直截了当地对地主说："七窍通了六窍，这叫

一窍不通。人家是在说你的儿子什么都不懂,你怎么连这个都不知道啊?"地主听了,顿时目瞪口呆。

关于"一窍不通"的记载,最早能在《吕氏春秋》这本书里找到。

比干倡导"民本清议,士志于道"。受其兄帝乙的嘱托,忠心辅佐侄儿——幼主纣王。但残暴的商纣王宠爱妃子妲己,耗巨资建鹿台,造酒池,修建豪华的宫殿园林,过着穷奢极欲的生活,使国库空虚。不仅如此,他还刚愎自用,听不进正确意见,使用炮烙等酷刑,镇压人民。比干经常劝谏他,有一次在摘星楼强谏三日。最后,纣王竟然听信妲己的话,在一次劝谏时,纣王大怒道:"我听说圣人的心有七窍!今天我倒要看看你的心是不是七窍!"纣王下令,让手下人将自己的亲叔父比干的胸膛剖开,取出心肝。

《吕氏春秋》在评价这件事情时写道:如果纣王的心通了一窍,就不会做出糊涂事,把比干杀了。

"七窍通六窍——一窍不通",这个歇后语用来形容人什么也不知道,非常糊涂。

积累卡

含"两面三刀"的歇后语

1.二郎神的兵器——两面三刀　2.泥水匠砌墙——两面三刀　3.瓦匠砌墙——两面三刀

答案

◆八仙过海　　　　　（各显神通）

◆泥菩萨过江　　　　（自身难保）

◆蚕豆开花　　　　　（黑心）

◆打破砂锅　　　　　（问到底）

百业类 歇后语
BAIYE LEI XIEHOUYU

小炉匠补碗——修辞（瓷）

释义 瓷：与"辞"谐音。指修饰文字词句，运用各种表现方式，使语言表达得准确、鲜明而生动有力。

例句 老师说："大家要想让自己的作文形象、生动，就要学会'小炉匠补碗——修辞（瓷）'。"

裁缝的尺子——量人不量己

释义 比喻只是一味地严格要求别人，却看不到自己的缺点。也作：裁缝的尺子——量人不量自己。

例句 他平时总喜欢说别人的缺点，同时又自高自大，这真是"裁缝的尺子——量人不量己"。

知识窗

裁缝，指裁剪、缝制衣服，后来指代以制作或拆改衣服为职业的人，是以人体为依据，通过测量制定服装号型规格，合理使用布料进行服装裁剪、缝制的人员。

茶馆不要的伙计——哪壶不开提哪壶

释义 提：双关语，既指拿起壶，又指提出某件事。本指伙计被老板辞退是因为他给顾客冲茶拿的是不开的水，得罪了顾客。比喻别人越是不想提哪件事，他越是要提出来。也作：茶馆里不要了的伙计——哪一壶不开你偏要提哪一壶 | 茶馆里不要了的伙计——哪一壶不开偏要提

哪一壶。

例句 王老师最讨厌的就是这一类问题,你却当着大家的面问他,你这真是"茶馆不要的伙计——哪壶不开提哪壶"。

草药店里的甘草——少不了他(它)

释义 它:与"他"谐音。指某人不可缺少。

例句 小赵是个足智多谋的人,公司里每次作决议,都是"草药店里的甘草——少不了他(它)"。

城外头开钱庄——外行

释义 钱庄:旧时由私人经营的以存款、放款、汇兑为主要业务的金融信用组织,多开在城里繁华地段。指对某事物或技术不了解、不具有专业素质的人。

例句 在投资方面,我也只是"城外头开钱庄——外行",不敢说自己有什么独到见解。

炊事员的围裙——有优(油)点

释义 油:与"优"谐音。指有值得赞扬的地方。

例句 你说这幅画不好,可我觉得它就像"炊事员的围裙——有优(油)点"。

厨子炒菜——添油加醋

释义 本指厨师炒菜时放作料。现指叙述事情或转述别人的话时,添枝加叶,无中生有。

例句 郑阿姨对这件事只听说了点儿皮毛,但她一回到小区里,就"厨子炒菜——添油加醋"地四处说起来。

吹鼓手的肚子——气鼓鼓的

释义 形容人非常生气。

例句 听到对方骂他,他一下子变得像"吹鼓手的肚子——气鼓鼓的"。

吹糖人儿的改行——不想做人了

释义 不想做人:双关语,本指不再做糖人了,借指由于某种缘故不想再维持以前好人的形象。

例句 我感觉每天一个人做好事打扫卫生挺累的,我现在是"吹糖人儿的改行——不想做人了",只想轻松轻松。

瓷器店里翻跟斗——少不了磕磕碰碰

释义 指人与人之间难免发生矛盾和冲突。

例句 老两口这些年来虽然是"瓷器店里翻跟斗——少不了磕磕碰碰"的,但总体上相处得非常好。

瓷窑上的瓦盆——一套一套的

释义 瓷窑:烧瓷器的窑。一套:双关语,本指瓷窑里烧制成的瓦盆大小、色样配成套,转指人说话做事完整、成系统。

例句 这位市长讲起大道理来,是"瓷窑上的瓦盆——一套一套的",但最终却被证实是一个大贪官。

275

货郎的担子——两头祸（货）

释义 货郎的担子两头都有货物。指灾祸不断。

例句 那时候他家是"货郎的担子——两头祸（货）"，丢了车，又死了牛，如今总算是稍稍平静了一些。

打铁的拆炉——散伙（火）

释义 散：由聚集而分离，指解散。

例句 我们公司目前的状况是既缺资金又缺技术，怎么能发展下去呢？不如来个"打铁的拆炉——散伙（火）"吧！这样硬撑着也不是长久之计。

穷木匠干活——只有一句（锯）

释义 指没有其他的话说，只有一句话。

例句 王老汉这人生性木讷，不大会说话，见了熟人也是"穷木匠干活——只有一句（锯）"。

剃头带掏耳——里外干净

释义 指内外都干净，也比喻人品纯洁。

例句 厨师把这鱼弄得是"剃头带掏耳——里外干净"，你就放心吃吧。

屠夫送礼——提心吊胆

释义 形容非常担心、害怕。

例句 老张晚饭后突然发起了低烧，他担心自己得了重病，一晚上都是

"屠夫送礼——提心吊胆"的,天一亮,就去医院检查身体了。

名医开处方——对症下药

释义 症:病症。下药:用药。医生针对病人的病情开方用药。指针对具体情况,采取具体有效的措施。

例句 小明最近成绩下滑是由于参加军乐队训练耽误了学习的时间,找到了原因,咱们才好"名医开处方——对症下药"。

剧院门口说大书——唱对台戏

释义 说大书:说书,包括评书、评话、弹词等的一种曲艺形式。比喻双方在同一件事情上态度截然相反,极为对立。

例句 小张和小李两个人平时总是"剧院门口说大书——唱对台戏",你一派我一派地争论着各种问题。

单口相声——一个人说了算

释义 指某事由一个人做主。

例句 对于部门里的事务,主任向来是"单口相声——一个人说了算",从来不与下属商量。

当铺掌柜卖杂割——不是老行伍出身

释义 杂割:指牛、羊等的内脏。指不是某方面的内行。

例句 在这方面我是"当铺掌柜卖杂割——不是老行伍出身",所以也谈不上有什么建议。

雕塑匠不给神像叩头——知道老底

释义 指了解某人的底细。

例句 对于他是如何发迹的,我可是"雕塑匠不给神像叩头——知道老底"。

警察罚他爹——公事公办

释义 指公事按国家规定来办,不徇私情,不讲情面。也作:警察打他爹——公事公办。

例句 王局长是一个作风正派的人,向来坚持"警察罚他爹——公事公办"的原则。

笨贼偷法官——自投罗网

释义 比喻自己送死。

例句 敌人原本想从这里绕道进村的,没想到我军早已在此设下埋伏。敌人这回真是"笨贼偷法官——自投罗网"!

厨师回家——不跟你吵(炒)了

释义 指不和别人发生争执。

例句 好了,好了,人家都"厨师回家——不跟你吵(炒)了",你还嚷嚷什么呀?

卖肉的切豆腐——不在话下

释义 指做事很容易,轻而易举就能完成。

例句 老王指着勤娃说："这点儿小事对他来说是'卖肉的切豆腐——不在话下'。论这木匠手艺，方圆几百里也没人比得上他。"

船老大带徒弟——从何（河）说起

释义 船老大：船上负责管理工作的船员。指不知该怎么说才好。

例句 这件事真是"船老大带徒弟——从何（河）说起"啊！总之，你慢慢会明白的。

弹花匠进宫——有功（弓）之臣

释义 弹花匠：弹棉花的工匠，用一种弓形工具弹棉花。宫：皇宫。指对某事有功劳的人，常用于讥讽或开玩笑。

例句 大家都知道你是"弹花匠进宫——有功（弓）之臣"，所以应该奖赏你，这块玉你就收下吧！别推辞了。

知识窗

"弹花匠进宫——有功（弓）之臣"运用了谐音，谐音是利用汉字同音或近音的条件，用同音字或近音字来代替本字，由此产生形象感的一种修辞方法。

造屋找箍桶匠——找错人

释义 箍桶匠：旧时修制木桶、木盆的工匠。指弄错对象。

例句 老孟说："找我品评茶叶，你可是'造屋找箍桶匠——找错人'啦！我是不懂茶的，隔壁张家个个是评茶的行家。"

铜匠担子——挑到哪里响到哪里

释义 铜匠：修制铜器的工匠。本指担子里的铜器相互碰击，一路上发出声响。现指人爱说话，走到哪里说到哪里。

例句 王嫂性格开朗，人又热心，特别是那个大嗓门，就像"铜匠担子——挑到哪里响到哪里"。

作家的皮包——里面大有文章

释义 本指作家的皮包里装有文学作品，现指有更深层次的意思。

例句 让我看，这事是"作家的皮包——里面大有文章"哩！怎么可能像他说的这么简单，还是不要掉以轻心。

知识窗

作家是以写作为工作，从事文学创作并有所成就的人。因此，一般能被称为"作家"的人，其作品大都能够获得正规出版社的出版，并在市场上畅销，拥有一定的读者群。

铁路警察——各管一段

释义 本指铁路警察分路段管辖。现指人各做各的事，谁也不干涉谁。

例句 在生产啤酒的过程中，每个工人都是"铁路警察——各管一段"，哪一段出现问题都有人负责。

染布师傅——拿不出手

释义 染布师傅手上染满颜色，不好意思给人看。指对自己的东西不满意，不愿拿出来给大家看。

例句 这次厨艺大赛还是你代表大家参加吧，我的技术太差劲儿，实在是"染布师傅——拿不出手"。

剃头的挎小篮儿——没挑儿

释义 指人或事物非常好，无可挑剔。

例句 这个小女孩不仅成绩优异，而且能歌善舞，刚刚还在市演讲比赛中获得了第一名，真是"剃头的挎小篮儿——没挑儿"了。

理发师带徒弟——从头教起

释义 头：本指头上，现指开头。指从最基础的开始传授。

例句 "上节课我不是把这个问题讲过了吗？现在怎么全忘了？看来我还是'理发师带徒弟——从头教起'吧！"赵老师耐心地说。

铁匠铺开门——动手就打

释义 本指铁匠动手打铁，现指动手打人。

例句 你怎么"铁匠铺开门——动手就打"啊？这样做是上策吗？

小偷摆花瓶——贼能整景

释义 贼：双关语，本指小偷，转指特别。指特别能摆弄。

例句 小蒋文化水平不高，却"小偷摆花瓶——贼能整景"，墙壁上全是书，每一本的内容他也都能说得很详细。

钳工配钥匙——不成问题

释义 问题：需要研究讨论并加以解决的矛盾。指不能成为麻烦，很容易解决。

例句 这道数学题对于我来说就是"钳工配钥匙——不成问题"，我马上算出来，然后告诉你怎么做。

叫花子背米——自讨的

释义 本指叫花子背的米是靠自己乞讨得来的,现指自找麻烦。

例句 你这是"叫花子背米——自讨的",这事你又不熟悉,却非要插一脚,现在把事搞砸了吧?

邮递员去送信——原封不动

释义 原封:指没有开封的。泛指保持原来的样子,一点儿不加变动。

例句 这是你走的时候寄放在我这里的箱子,现在你回来了,我就"邮递员去送信——原封不动"地给你送回来了。

飞行员跳伞——一落千丈

释义 本指飞行员跳伞降落得很快,现指地位、景况、声誉等下降得很快。

例句 上学期你的成绩还名列前茅呢!这学期怎么就"飞行员跳伞——一落千丈"了呀?

木偶戏表演——装腔作势

释义 木偶戏:由人在幕后操纵木偶表演的戏剧。指故意装出一种腔调,做出一种姿态。形容做作。

例句 改革开放初期,好多内地歌手登台表演时,满嘴的港台腔,真有点儿"木偶戏表演——装腔作势"。

趣味故事

卖油翁灌油——熟能生巧

北宋时期有一个人很擅长射箭，人们都称他为"神箭手"，他也因此而声名远播。他的箭法十分高超，能够在百步以外射中杨柳的叶子，这种箭法在当时几乎无人能及。这个人就是陈尧咨。

陈尧咨家中有一块平地，是他专门用来练习射箭的。有一天，他又在这块平地上练习射箭。他射得又准又好，吸引了很多人来观看。这时，有一个卖油的老人用扁担担着油桶，正好从陈尧咨射箭的地方经过。老人看见围着看射箭的人很多，就很好奇，于是就放下了担子，也站在一旁看射箭。没过多长时间，陈尧咨将十支箭全都射中了靶心。围观的人看到这精彩的一幕，都佩服不已，纷纷竖起大拇指夸奖他百步穿杨，百发百中。

陈尧咨自然是非常得意。但是他却发现只有那个老人站在那儿一句话也没有说，而且神情显得不以为然。陈尧咨感到非常奇怪和气愤，心想："大家看到了我的精彩表演，无不赞叹，为什么单单只有你一个人不服气呢？"他就上前问他道："老人家，你会射箭吗？""我不会射箭。"老人平静地答道。"那

你凭什么不为我喝彩？"陈尧咨不客气地问。"我觉得你的箭射得不算坏，但也不过是手熟罢了，实在没有什么妙处，不值得喝彩。"老人说。

陈尧咨听后，更加火冒三丈，他愤怒地说："你这糟老头，不会射箭还这样瞧不起人，你自己又有什么能耐？"老人听了这话并没有直接回答他，只是不慌不忙地从身上拿出了一个装油的葫芦，把这个葫芦放到了地上，接着又从衣服里摸出了一枚铜钱，并把这枚铜钱放到了葫芦嘴上。然后用勺子从油桶里舀起了一勺油。他将勺子高高举过了头顶，接着将油对着钱孔缓缓倒下。只见那油立刻变成了一条细细的线，不偏不倚地从铜钱的孔中钻到了葫芦里，然而铜钱却未沾上一滴油。众人顿时爆发出一阵雷鸣般的喝彩声。陈尧咨见遇上了高人，羞愧得无话可说。老人这才缓缓地说："其实这也没什么，我也只是熟能生巧罢了。"

正所谓："业精于勤。"陈尧咨和卖油翁的绝技也不是天生就有的，是长期操练，熟练了而已。一个人只要肯下功夫，钻一门学问，经过长期的努力，一定会熟练掌握它的奥秘，并应用自如的。

"卖油翁灌油——熟能生巧"，用来形容凡事做多了就会熟练，熟练后就会把事情做得很巧妙。

积累卡

与"木匠"相关的歇后语

1.木匠戴枷——自作（做）自受 2.木匠的斧头——一面看（砍）

3.木匠师傅吵嘴——争长论短 4.木匠忘了墨斗子——没限（线）了

答案

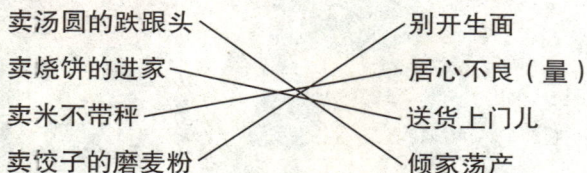

卖汤圆的跌跟头 —— 别开生面
卖烧饼的进家 —— 居心不良（量）
卖米不带秤 —— 送货上门儿
卖饺子的磨麦粉 —— 倾家荡产

交通类 歇后语
JIAOTONG LEI XIEHOUYU

盘山公路上开车——绕弯弯

释义 本指车在盘山公路上不断转弯。现指人说话不爽快，转弯抹角。

例句 有话就直说吧！别"盘山公路上开车——绕弯弯"了。

火车头没灯——前途无量（亮）

释义 指人前程远大，不可估量。

例句 张师傅拍着小孙的肩，笑眯眯地说："小伙子，好好干！你是'火车头没灯——前途无量（亮）'啊！"

到了站的火车——叫得响，走得慢

释义 讽刺人只会说话不会做事。也作：到站的火车——叫得响，走得慢。

例句 他是"到了站的火车——叫得响，走得慢"，总喜欢不停地夸耀自己的本事如何好，却很少动手。

火车离轨——寸步难行

释义 指走不了路，也指人身处困境。

例句 做这项物理实验如果少了任何一样，哪怕是很微小的实验仪器或者药品，那么整项实验就会"火车离轨——寸步难行"了。

九曲桥上散步——尽走弯路

释义 九曲桥：弯弯曲曲的桥。本指在弯曲的桥面上行走，走的都是弯曲的路。现指工作、学习因方法不当，而白白浪费时间。

例句 因为没有经验，刚开始工作的时候，我总是"九曲桥上散步——尽走弯路"。

属车轱辘的——推一推，转一转

释义 形容做事不主动，缺乏自觉性，要靠别人督促才去做某事。也作：属车轮的——推一推，转一转。

例句 整个项目组一片懒散，员工都是"属车轱辘的——推一推，转一转"，没人主动工作，这样持续下去怎么行。

堂屋里推车——进退两难

释义 形容处境十分困难。也作：堂屋里推车——难进退｜堂屋里推车子——进退两难。

例句 他在歌手大赛中进入了前十名，这时他却发现这场比赛并不公平，想要退出，却又顾忌观众对自己的看法，真是"堂屋里推车——进退两难"啊。

骑马上山——步步登高

释义 一步一步地向高处攀登。比喻不断上升。也形容官运亨通，连续得到提升。也作：骑马上天山——步步登高。

例句 小张刚来单位几年，就因为能力强接连升职，成为最年轻的副局长，真是"骑马上山——步步登高"。

骑毛驴观山景——走着瞧新鲜的

释义 指人喜欢看热闹。

例句 前方出了一场车祸，很多人"骑毛驴观山景——走着瞧新鲜的"，把事故现场围得里三层外三层。

走道捡喇叭——有吹的了

释义 吹：双关语，本指吹奏，转指吹嘘。讥讽人有了吹嘘或夸耀的资本。

例句 这次你走运，拿到了省级竞技大赛的冠军，看来以后你可是"走道捡喇叭——有吹的了"。

走上步看下步——瞻前顾后

释义 瞻：向前望。顾：回头看。比喻做事谨慎周密。也比喻做事顾虑很多，犹豫不决。

例句 要是你再这样"走上步看下步——瞻前顾后"的话，我们可就失去了这次将他逮捕归案的好机会了。

走夜路吹口哨——虚张声势

释义 张：张扬。声势：声威气势。指故意大造声势，借以吓人。

例句 我们知道屋里就你一个人，你没必要在那里"走夜路吹口哨——虚张声势"，只要你出来缴械投降，我们保证不开枪。

走一百里不换肩——能抬杠

释义 指人喜欢作无谓的争论。

例句 明显你的理论已经站不住脚了,你怎么还这样"走一百里不换肩——能抬杠"呢,真是不可理喻。

走着路吃甘蔗——学(削)一段是一段

释义 削:与"学"谐音。比喻做事一步步来。也讽刺人得过且过。

例句 他就是这样一个"走着路吃甘蔗——学(削)一段是一段"的人,不求上进,不考虑以后。

独木桥上见仇人——冤家路窄

释义 比喻仇人或不愿意相见的人偏偏相逢,无法回避。也作:独木桥上遇仇人——冤家路窄。

例句 没想到这对仇家竟然到同一个公司的同一个部门面试,这真是"独木桥上见仇人——冤家路窄"。

知识窗

独木桥,常用一面砍平的一根圆木做成,架在悬崖等地方,在乡下很常见。独木桥虽制造简便,但人走在上面稍不小心就会掉下去,受伤甚至丢掉性命。

牵牛上独木桥——难过

释义 难过:双关语,本指难以通过,转指心里不好受,事情不容易做,或日子不好过。

例句 因为自己的失误,对方球队在终场前获得了点球的机会。看到队友们失望的表情,他感到"牵牛上独木桥——难过"啊。

牵瘸驴上窟窿桥——左右为难

释义 指无论怎么办都有难处，都不尽如人意。比喻陷于两难困境中，不易做出决定。

例句 下周举行的国际舞蹈大赛是小丽一直期盼参加的，但是期末考试也在下周举行，她现在是"牵瘸驴上窟窿桥——左右为难"。

玻璃上跑车——没辙

释义 辙：双关语，本指车轮印，转指办法。比喻束手无策，找不到解决的办法。

例句 小韩虽然是个技术工人，但这台国外进口的精密机器出故障时，他也是"玻璃上跑车——没辙"，无法修好。

马拉独轮车——说翻就翻

释义 翻：双关语，本指翻车，借指翻脸或变卦。比喻动不动就翻脸或轻易就变卦。

例句 他的话你怎么能信？他做人不讲信用，向来都是"马拉独轮车——说翻就翻"。

车走车路，马走马路——谁也不跟谁相干

释义 比喻各人有各人的方式方法，相互不干扰。

例句 他们三个人原本关系挺好，后来却因为一点儿小事闹了别扭，最终变成"车走车路，马走马路——谁也不跟谁相干"。

大路上的电线杆——靠边站

释义 比喻被冷落一旁，得不到重用。

例句 自从小李来到我们单位，原先颇受器重的小王就像"大路上的电线杆——靠边站"了。

大路上的砖头——绊脚石

释义 比喻阻碍前进的人或事物。

例句 这种陈旧的观念就是"大路上的砖头——绊脚石"，我们非与它先做一番斗争不可。

揪着马尾巴赛跑——悬

释义 形容很危险或不可靠。

例句 他年纪轻轻，经验不足，就想解决这样一个大难题，这事我看就像"揪着马尾巴赛跑——悬"。

胡同里逮猪——两头儿被堵

释义 指进退的路都被卡住，陷入了绝境。也作：胡同捉猪——两头堵 | 胡同里逮驴——两头截。

例句 这件事我既不好说出去，憋在心里又很痛苦，真是"胡同里逮猪——两头儿被堵"啊！

知识窗

胡同，也叫"里弄""巷"，是指城镇或乡村里主要街道之间的、比较小的街道，一直通向居民区的内部。它是当地交通不可或缺的一部分。

胡同里边跑马——回头难

释义 指做错事后想改正太难了。

例句 已经造成了严重后果，现在就算想悔改也已经是"胡同里边跑马——回头难"了。

墙头儿上跑马——有去路无回路

释义 土墙很窄，马只能往前跑，没法儿调头跑。比喻事情不可逆转。也作：墙头上跑马——有去路，无回路。

例句 现在考试已经结束，你考得不理想的事实是"墙头儿上跑马——有去路无回路"，但不要灰心，只要努力，你一定会赶上来的。

森林里跑马——施展不开

释义 指森林里树木多，马不能驰骋。比喻不能充分发挥其才能。

例句 由于分管经济的领导比较保守，我的很多策略都停留在纸面上，我真有点儿"森林里跑马——施展不开"的感觉。

南辕北辙——背道而驰

释义 指朝着相反的方向使劲赶马跑。比喻方向、目标完全相反。

例句 你们的提议和政府的政策根本就是"南辕北辙——背道而驰"，是肯定不会得到政府的采纳的。

打着手电筒走夜路——前途光明

释义 前途光明：双关语，本指前方道路明亮，转指将来的光景非常美好。

例句 有了这样一位名师来指导，小张感觉自己是"打着手电筒走夜路——前途光明"。

嫩牛拉车——不打不跑

释义 比喻不施加压力就不肯努力奋进，形容人工作不积极。

例句 新来的几名工人干活爱偷懒，典型的"嫩牛拉车——不打不跑"。

汽车跑到人行道上——不走正路

释义 本指汽车不该在人行道上行驶。现指人走上不正当的生活道路，或指人做不正当的事情。

例句 都活了大半辈子的人了，怎么还"汽车跑到人行道上——不走正路"呢？这让你的后代颜面何在啊？

自行车拔了气门芯——松了一口气

释义 本指车胎放了气。现指压力得以缓解，心情轻松愉快。

例句 听到这个好消息，我终于像"自行车拔了气门芯——松了一口气"。

自行车下坡——不睬（踩）人

释义 指不理会，没放在心上。

例句 今天的事是他做得不对，可你也不能"自行车下坡——不睬（踩）人"啊，好歹他也是你请来的！

起航赶上了顺船风——机不可失

释义 机：时机。指好的时机绝不可放过，失掉了不会再来。比喻机会难得，应充分利用有利的时机。

例句 学校要选拔三名年轻教师去国外深造，这对于我来说，是"起航赶上了顺船风——机不可失"，我一定要积极准备，争取被选上。

轮船上装橹——摆设而已

释义 橹：使船前进的工具，安在船尾或船旁，用人摇。轮船利用机器推进，不需要橹。比喻徒有其表，而没有实用价值。

例句 他在公司什么也不做，不过是"轮船上装橹——摆设而已"。

沙窝子想撑船——好事想绝了

释义 沙窝子：沙漠。讽刺人想美事，不符合实际。

例句 你可真是"沙窝子想撑船——好事想绝了"，哪有这么容易就能办成的事？

井底里划船——没有出路

释义 比喻做事处处受妨碍，无路可走。

例句 没有知识，没有文化，在现在的社会里，是"井底里划船——没有出路"的。

大海里行船——乘风破浪

释义 比喻人不怕困难，奋勇前进。

例句 不管遇到什么困难，我们都应当像"大海里行船——乘风破浪"，继续前进。

搁浅的船——进退两难

释义 搁浅：船只进入水浅的地方，不能行驶。比喻处境尴尬，无法前进，也没有办法后退。

例句 他们现在是"搁浅的船——进退两难"：继续施工，没有资金；停工不干，又太可惜了。

航空公司开业——有机可乘

释义 本指有飞机乘坐，现指利用漏洞进行对自己有利的活动。

例句 这次公开招标，一定要把条件订得严一些，细一些，不能让那些人觉得我们是"航空公司开业——有机可乘"，而趁机钻空子。

飞机上挂暖壶——水平（瓶）高

释义 指人对学识、技艺、业务等掌握得很好。

例句 你的学术报告太精彩了，到底是专家，真是"飞机上挂暖壶——水平（瓶）高"哇！

飞机上摆手——高招

释义 本指在高处招手。现指人在处理某事上有诀窍，有好办法。

例句 "太好了！真是'飞机上摆手——高招'，咱们村有救了！"老村长兴奋地大叫起来。

飞机上聊天——空谈

释义 本指在高空中交谈。现指说话不切合实际，而且只说不做。

例句 这些构想倒不错，但若总是"飞机上聊天——空谈"，恐怕永远也不会有收获。

飞机上吊邮筒——高兴（信）极了

释义 邮筒：邮寄信件的箱子。形容人心情愉快。

例句 妈妈要从老家来看我了，我真是"飞机上吊邮筒——高兴（信）极了"。

坐飞机打堂锣——想（响）得倒高

释义 响：与"想"谐音。指人的想法脱离实际，无法实现，或指想法高超，非同凡响。

例句 就你这个英文字母一个都不认识的主儿还想去外企工作？你这是"坐飞机打堂锣——想（响）得倒高"。

坐在飞机上唱歌——尽唱高调

释义 讥讽人尽说大话和漂亮话。

例句 他就知道"坐在飞机上唱歌——尽唱高调"，咱们现在工作量这么大，他也不说伸把手帮帮咱们。

坐飞机吹喇叭——越吹越高

释义 比喻事情的形势或人的状态越来越好。

例句 这段时间，咱们公司新产品的销售量是"坐飞机吹喇叭——越吹越高"，现在是供不应求，咱们必须增加生产量以满足市场更大的需求哇！

坐船出国做生意——出口伤（商）人

释义 商：与"伤"谐音。指人说话刻薄，总是伤害别人。

例句 只不过走路不小心碰了你一下，你怎么就"坐船出国做生意——出口伤（商）人"呢？

坐火箭上月球——远走高飞

释义 比喻到很远的地方去。也比喻摆脱困境，寻找光明的前途。

例句 等我把这笔生意做完了，挣了钱，咱们就"坐火箭上月球——远走高飞"，去过美好的生活。

坐轿摔跟头——不识抬举

释义 抬举：指看重某人而加以称赞或提拔。责骂人不知好歹，不懂得接受别人的好意。

例句 你在他们公司也就是个小职员，请你来我们公司做经理你还不来，真是"坐轿摔跟头——不识抬举"。

坐汽车看风景——走着瞧

释义 指等着看事情的发展变化或事情的结局如何。

例句 你们才胜了一局就这么趾高气扬的，咱们就"坐汽车看风景——走着瞧"，看看后面几局。

趣味故事

塞翁失马——安知非福

战国时期，北部边城住着一个老人，因为他住在边塞上，所以大家都叫他"塞翁"。

塞翁养了许多马。一天，他感觉马群有点儿不对劲儿，急忙数了一下，才发现走失了一匹马。邻居们听说这件事，都跑来安慰他，劝他不必为之太难过，年龄大了，要多注意身体。塞翁见有人劝慰自己，笑了笑说："就丢了一匹马，损失不大，没准儿会带来什么福气呢！"

邻居们听了塞翁的话，心里觉得很好笑。他们想：哼，马丢了，明明是件坏事，他却认为也许是好事，显然是自我安慰而已。

没想到过了几天，那匹丢失的马不仅自动返回家，还带回一匹匈奴的骏马！邻居们听说了这件事，对塞翁当初的预见非常佩服，向塞翁道贺说："还是您有远见，这匹马不仅没有丢，还带回一匹好马，您真是有福气呀！"

没想到，塞翁听了邻人的祝贺，反而一点儿高兴的样子都没有，他充满忧虑地说："白白得了一匹好马，不一定是什么福气，也许要惹出什么麻烦来。"

邻居们以为他故作高深的姿态，纯属老年人的狡猾，想：其实他心里明明高兴得要死，却故意不说出来。

塞翁有个独生子，非常喜欢骑马。他发现带回来的那匹马身长蹄大，一看就知道是匹好马。于是他每天都骑着这匹马出游，心中得意扬扬。

一天，他高兴得有些过火，打马飞奔，结果一个趔趄，从马背上跌下来，摔断了腿。邻居们听说后，纷纷前来安慰塞翁父子。塞翁说："没什么，腿摔断了却保住性命，或许是一种福气呢！"

邻居们觉得塞翁又在胡言乱语。他们想不出来，儿子摔断腿会带来什么福气。邻居们纷纷摇着头散去了。

不久，匈奴兵大举南下，邻居家里的青年人被强征入伍了，而塞翁的儿子因为摔断了腿，不能去当兵。最后，入伍的青年都战死了，唯有塞翁的儿子因为摔断了腿保全了性命。

从此以后，邻居们不禁对塞翁刮目相看，非常尊敬他。

"塞翁失马——安知非福"，用以说明暂时的损失说不定还会带来好处，祸福之间可以相互转化。

【游戏室】

歇后语填空

◆汽车按喇叭——（　　　　　　　　　　）

◆骑牛追快马——（　　　　　　　　　　）

◆拿着鸡蛋走冰路——（　　　　　　　　　　）

◆螃蟹爬到马路上——（　　　　　　　　　　）

（答案见正文第199页）

地理类 歇后语

DILI LEI XIEHOUYU

黄河里的水——难晴（清）

释义 清：与"晴"谐音。本指黄河泥沙淤积，河水浑浊不清。喻指天气很少晴朗。

例句 每年五六月份，江南一带的天气就像"黄河里的水——难晴（清）"。

戈壁滩上找泉水——困难得很

释义 戈壁滩：指地面几乎被粗沙、砾石所覆盖，植物稀少的荒漠地区。指困难程度非同一般。

例句 想精通一门外语，真是"戈壁滩上找泉水——困难得很"啊！

泰山顶上观日出——风光看不够

释义 泰山：在山东中部，又称"东岳"。指美丽的景色让人百看不厌。

例句 蒋玲一到那儿，便大声嚷道："快来看哪，眼前的景色好美，真是'泰山顶上观日出——风光看不够'啊！"

长白山的野人参——得之不易

释义 长白山：在我国东北部，产人参。指某事物不容易到手。也指某些事不常发生，或不容易办到。

例句 这颗珍珠是姥姥从国外带回来的，这可是"长白山的野人参——得之不易"啊，怎能不好好珍藏呢？

世界地图吞肚里——胸怀全球

释义 指目光远大，心里装着全世界。也指人心胸宽广，不拘小节。

例句 他真是个好同志，"世界地图吞肚里——胸怀全球"，为了大局能忍辱负重这么多年。

山东出响马——有贤也有愚

释义 指有好人，也有坏人。或有聪明的，也有蠢笨的。

例句 这么一大群人来报名，"山东出响马——有贤也有愚"，必须得测试过了才能知道哪些人符合咱们的要求。

从河南到湖南——难（南）上加难（南）

释义 南：与"难"谐音。指事情越来越难处理。

例句 本来这座山就很高、很陡，现在由于下了点儿小雨山路又变得泥泞起来，要登上山顶就像"从河南到湖南——难（南）上加难（南）"。

河南到河北——两省

释义 省：双关语，本指行政区域，转指节约。形容两方都省下了钱或物等。

例句 你上午听力考试时，我把录音机借给你，我下午考笔试你把尺子借了我，我们这是"河南到河北——两省"。

春到成都——锦上添花

释义 锦:双关语,成都又称锦官城、锦城,简称锦,又指有彩色花纹的纺织品。在美丽的锦上又增加了花。比喻美上加美,好上加好。

例句 今天姨妈传出消息说,前天刚结婚的表哥被提拔为项目经理,这真是"春到成都——锦上添花"。

武汉的汤包——四季美

释义 "四季美"是武汉卖汤包的一个老字号。指一年四季的景色都非常美。

例句 云南的气候是四季如春,那西双版纳的风景更是"武汉的汤包——四季美"呀!

> **知识窗**
>
> 汤包,包子的一种,我国中、南部一些地区的特色小吃,以汤多为主要特点。比较著名的有江苏靖江的蟹黄汤包和江苏淮安的文楼汤包等。

卢沟桥上的石狮子——数不清

释义 卢沟桥:在北京西南永定河上,桥栏杆的每个石柱上都刻有狮子,有的大狮子抱着小狮子,有的背上、脖颈上或肚子底下伏着小狮子,整个桥上到底有多少个石狮子,很难数得清。比喻人或事物数量太多,难以计算。

例句 雷锋叔叔一生做过的好事就像"卢沟桥上的石狮子——数不清"。

景德镇的瓷器——词(瓷)好

释义 景德镇:江西的一个城市,以出产优质瓷器闻名。瓷:与"词"谐音。比喻说得动听。

例句 很多辅导班都是"景德镇的瓷器——词（瓷）好"，其实在孩子成绩提升和兴趣培养上并未发挥多大作用。

景德镇停业——没词（瓷）了

释义 瓷：与"词"谐音。景德镇为瓷都，它停业后，自然不再产陶瓷。比喻没有什么可以应对的话了。

例句 猛然被对方这么一问，他一下子就"景德镇停业——没词（瓷）了"。

黔驴技穷——就这一踢蹬

释义 黔：古指贵州一带，今为贵州省别称。指所具有的技能不过如此。

例句 这个排球队完全依靠主攻手的扣球得分，其他队员没有得分能力，对手很快发现了他们不过是"黔驴技穷——就这一踢蹬"，一举击败了他们。

无锡泥人——经不起风吹雨打

释义 无锡因盛产泥人而远近闻名。泥人遇雨则化为泥。比喻意志薄弱，经受不起恶劣环境的考验。

例句 你们不能这样溺爱娇惯孩子，需要让他们经受磨炼与挫折，否则，以后他们就会是"无锡泥人——经不起风吹雨打"的！

天津的萝卜——心里美

释义 指人心地善良。

例句 这位老人生活贫寒，几十年来却坚持为素不相识的孩子捐赠学费，真是"天津的萝卜——心里美"，太让人感动了。

西湖边搭草棚——煞风景

释义 比喻在美好的场合，出现使人扫兴的事。也作：西湖边搭草棚——大煞风景。

例句 一张破画张贴在这高雅的厅堂，和周围色彩很不协调，真有点儿"西湖边搭草棚——煞风景"。

长江黄河流入海——殊途同归

释义 指以不同的途径到达相同的地方。比喻用不同的方法达到相同的目的。

例句 这两种方法有很大不同，用在这道数学题上，却都解出正确答案，这真是"长江黄河流入海——殊途同归"。

香山的卧佛——大手大脚

释义 形容对财物毫不吝惜，没有节制地随便花费。也指行动鲁莽。

例句 这人真有钱，一进商场，花起钱来就是"香山的卧佛——大手大脚"。

知识窗

香山，又叫静宜园，位于北京海淀区西郊，距市区25公里，全园面积160公顷，顶峰香炉峰海拔575米，以秋天红叶风景著称，是北京著名的森林公园。

杏花村的酒——后劲儿大

释义 杏花村：特指出产汾酒和竹叶青等名酒的山西省汾阳市杏花村。

本义指喝了杏花村产的酒后，酒力慢慢儿地显露出来。喻指人越到后来，实力越强。

例句 小明自从上了初中后，成绩一次比一次进步，真是"杏花村的酒——后劲儿大"。

草原上的天气——变化多端

释义 形容事物千变万化。

例句 老章的脾气就像"草原上的天气——变化多端"，越是和他熟悉的人，越是感到他很难相处。

大海退潮——水落石出

释义 退潮：潮水下降。本指水降下去，水底的石头就露出来。现指事情的真实情况被弄清。

例句 你可别胡乱猜测，事情总会有"大海退潮——水落石出"的一天，你一旦冤枉了他怎么办？

太平洋里一滴水——微不足道

释义 形容事情微小，不值一提。

例句 他开始觉得这简直是"太平洋里一滴水——微不足道"的战斗，没想到却惨败。真是大江大海过得不少，今天竟在这小小的河沟里翻了船。

钱塘江涨大潮——后浪推前浪

释义 后面的波浪推动前面的波浪不断前进。比喻新事物代替旧事物，永不停息地向前发展。

例句 随着科技的发展，各种数码产品的更新换代越来越快，真是"钱塘江涨大潮——后浪推前浪"。

黄河的水——难请（清）

释义 黄河中下游的水里混有大量泥沙，很混浊。比喻某人难得空闲，十分不好邀请过来。

例句 妈妈对表姐说："你是稀客，'黄河的水——难请（清）'，一定要在这儿多住几天哪！"

知识窗

黄河是中国人的"母亲河"，由于流经黄土高原地区，河水夹带了大量的泥沙，所以它也是世界上含沙量最高的河流。

洞庭湖的麻雀——见过大风浪

释义 洞庭湖：我国第二大淡水湖，在湖南省北部，长江南岸。比喻人见过大场面。

例句 我们可是"洞庭湖的麻雀——见过大风浪"的，生意场上的一次失败算不了什么。

峨眉山上的猴子——机灵得很

释义 峨眉山：在四川省，山上猴子很多。形容人头脑灵活，精明强干。

例句 你可别看他人小，那可是"峨眉山上的猴子——机灵得很"，上次他骗了好多敌人呢！

到了黄山又想去峨眉——这山望着那山高

释义 比喻不满意自己的环境、工作，老觉得别的环境、别的工作好。

例句 他刚辞去了一份工作，来到这家企业上班，没到一个月又想换工作，这真是"到了黄山又想去峨眉——这山望着那山高"。

泰山顶观日出——冤枉（远望）

释义 远望：与"冤枉"谐音。指受到不公平的待遇，被冠以不应有的罪名。也作：泰山顶上观日出——冤枉（远望）。

例句 教室的多媒体教学设备被损坏的时候，我正在操场上踢球呢，同学们怎么能说是我损坏的呢？我真是"泰山顶观日出——冤枉（远望）"啊！

梦中游苏杭——好景不长

释义 苏杭：指苏州、杭州，在传统中被认为是人间最美丽的地方。指美好的光景不能永远存在。也作：梦中游苏杭——好景不会长。

例句 曹雪芹年少时过着富足的生活，可是"梦中游苏杭——好景不长"，自从他父亲被治罪后，他家的家境就没落了。

江阴人舞龙灯——节节火（活）

释义 江阴：这里指长江的南面。龙灯：民间舞蹈用具，用布或纸做成的龙形的灯，灯架由许多环节构成，每节下面有一根棍子，众人同时舞动，用锣鼓伴奏。活：与"火"谐音。指日子或形势越来越好。

例句 自从政府鼓励发展养殖业以来，这个村子发展了多个项目，村民们的生活也是"江阴人舞龙灯——节节火（活）"。

长江里漂木头——付（浮）之东流

释义 浮：与"付"谐音。木头浮在水面上向东流去。比喻希望落空，一切努力都白费了。

例句 随着这三次试验的失败，小王之前所有的努力都像"长江里漂木头——付（浮）之东流"了。

隔黄河赶牛——鞭长莫及

释义 比喻因力量有限，不能达到某种目标。

例句 虽然我也很希望改变现状，但我实在是"隔黄河赶牛——鞭长莫及"，本事不够高强，想不出什么改变的方法。

屈死鬼跳黄河——想洗洗不净

释义 屈死鬼：受冤屈而死的人。黄河水十分浑浊，不宜洗涤用。比喻被人误会，名誉受损，无法澄清。

例句 小张通过认真刻苦的准备考上了公务员，但是很多人都说他走后门、托关系，不是凭借自己的实力，他现在是"屈死鬼跳黄河——想洗洗不净"啊。

赶着羊群过火焰山——往死里逼

释义 火焰山：在新疆吐鲁番盆地，夏天时山体呈红色，因此叫火焰山。指把人逼得走投无路。

例句 在工程进展的关键时刻，投资方突然撤资，这对于我们来说，无疑是"赶着羊群过火焰山——往死里逼"。

西天出太阳——反常

释义 本指应从东方升起的太阳却从西边升起，现指事情跟正常情况不同。

例句 你今天起这么早，真是"西天出太阳——反常"啊！

月光下散步——形影不离

释义 本指影子随时跟着人。现指彼此关系密切，难舍难分。

例句 骄傲和失败像一对亲密的朋友，有如"月光下散步——形影不离"，因此即使成功在即，我们依然要保持谦虚谨慎的作风。

南极到北极——相差十万八千里

释义 南极：南半球的顶点。北极：北半球的顶点。本指相距很远，现指差别程度很大。

例句 你们之间的距离真是"南极到北极——相差十万八千里"，怎么可能走到一起呢？

北极的冰川——顽固不化

释义 冰川：极地和高山地区沿地面倾斜方向移动的巨大冰体，由大量积雪经巨大压力形成，也叫冰河。化：本指融化，现指变化。指思想跟不上形势的发展，不愿接受新事物。

例句 如果他当初好好干，也不至于今天还是个工人。他这个人就是"北极的冰川——顽固不化"，谁都拿他没办法。

趣味故事

长江流水——滔滔不绝

关于"长江"这一名字的由来，还和黄河有点儿瓜葛呢！你若是不信的话，那就读读下面这个有趣的故事吧！

很早很早以前，高高的山上有一个湖，湖里有一条很大很大的鲨鱼，这条鲨鱼很是凶猛，吞吃了不少船只和人。

离湖不远，住着一户渔民，这个渔民用了三年的工夫，花了九牛二虎之力，下了满湖的滚钩，才把这条鲨鱼逮住。

哪晓得这个渔民刚把它拖上岸，天上就飞来一只金翅大鹏，一下把鲨鱼叼走了。这渔民跟在后头拼命地撵，撵了足有半个月，最后撵到一个很大的山洞里，突然不见了金翅大鹏，也没看见那条鲨鱼。

他在洞里找啊找，发现有一个很大很大的蛋，他美滋滋地想：找不到鲨鱼也罢，好在找到了一个大蛋，弄回去，一家人至少也可以吃它个一年两年的。想毕，他就砍了一个木杠，想把大蛋掀回家，可他掀了

半天，蛋还是一动也不动！他又回家找来锤和钻子，拼命地钻，钻哪钻，钻了七七四十九天，仅把蛋壳钻了一个小眼儿。他一赌气，干脆拿来些火药，装进眼里，插好了引信，打火点着了，他就躲起来了。

不过一袋烟的工夫，只听得"轰隆"一声巨响，一阵大烟雾漫出来了，那渔民站在高处，正想来看个究竟。天哪，哪里还能来得及。大蛋破了，流出了一股黄水，一股清水，顿时成了两条大河流，源源不断。据说，蛋黄流出来成了黄河，蛋清流出来，成了长江。

当然，以上这个故事仅仅是个传说，下面，介绍一下有关长江的资料。

长江是我国第一大河，也是世界上最壮丽的河流之一。长江干流全长约6397千米，流域总面积达180余万平方千米，年平均入海水量约为9600亿立方米。以干流长度和入海水量论，长江均居世界第三位。

长江发源于世界屋脊——青藏高原，流经青海、西藏、四川、云南、重庆、湖北、湖南、江西、安徽、江苏、上海11个省、自治区、直辖市，在崇明岛以东注入东海。长江有数以千计的支流，干支流构成一个庞大的水系，流域面积占全国总面积的19%。长江流域是中国人口密集、经济繁荣的地区，沿江重要城市有重庆、武汉、南京、上海。

"长江流水——滔滔不绝"，比喻一个人话很多。

【游戏室】

歇后语填空

火烧城隍庙——（　　　　　　　　　　）

火烧冰窖——（　　　　　　　　　　）

火种落进干柴堆——（　　　　　　　　　　）

火烧到房子还瞧唱本——（　　　　　　　　　　）

（答案见正文第318页）

季节类 歇后语
JIJIE LEI XIEHOUYU

正月里卖门神——过时货

释义 正月：农历每年的第一个月。门神：旧时过年时贴在大门上的神像，人们认为门神能驱鬼辟邪。指东西陈旧不合时宜，或指思想保守的人。

例句 你怎么买了这款样式的衣服？这已经是"正月里卖门神——过时货"了，你真没眼光！

三月里扇扇子——满面春风

释义 本指春风吹在脸上，现指愉快和蔼的面容。

例句 最近王老汉家翻修了房子，又添了个孙子，难怪这两天在街上见到他，他总是"三月里扇扇子——满面春风"的。

三月栽薯四月挖——急于求成

释义 薯：红薯、马铃薯等农作物的统称。比喻做事想尽快得到结果。

例句 学习不是一件简单的事，千万不要"三月栽薯四月挖——急于求成"，我们要循序渐进，一步一步地来。

五月的石榴——越来越红

释义 本指石榴进入夏季开出红色的花，现指人或物一天比一天受欢迎。

> **例句** 他如"五月的石榴——越来越红"了，他心里一定乐开了花。

六月天戴棉帽——不识时务

> **释义** 农历六月天热，没有人戴棉帽。指人做事看不清时机。
>
> **例句** 这个小偷真是"六月天戴棉帽——不识时务"，警察已经给了他自首的机会，可他还是我行我素，不知悔改。

七月的河水——后浪推前浪

> **释义** 本指农历七月进入雨季，河水汹涌。现指人流涌动，也指人一代更比一代强。
>
> **例句** 现代社会人才竞争十分激烈，真可谓"七月的河水——后浪推前浪"。

八月桂花开——到处飘香

> **释义** 既指香气散开，也指好名声广为流传。
>
> **例句** 他可是个热心人，只要能做到的，他总是尽力帮助别人。一提起他的大名，那可是"八月桂花开——到处飘香"啊！

九月菊花逢细雨——点点入心

> **释义** 本指细雨滋润花心。现指说话、做事细致入微，深入人心。
>
> **例句** 他的话有如"九月菊花逢细雨——点点入心"，听得我们大家热泪盈眶。

十月的桑叶——没人睬（采）

释义 农历十月，蚕已结茧，无人采摘桑叶。指某人或某物没人理会。

例句 他生性孤僻，平常从不跟别人来往，有时还装疯卖傻的。所以，他如"十月的桑叶——没人睬（采）"。

知识窗

桑叶，是桑科植物桑树的叶，桑树又名家桑、荆桑、桑葚树等，全国大部分地区都有种植，具有降血压、降血脂、抗炎等作用，是蚕宝宝的主要食物。

春天的杨柳——分外亲（青）

释义 分外：特别。指格外亲切、热情。

例句 海外游子重归故里，看到家乡的一草一木都觉得像"春天的杨柳——分外亲（青）"。

一年四季百花开——长年都是春

释义 比喻处处都是生机。也用来指一个人心情愉快，精神面貌很好。

例句 海南岛是典型的热带气候，那里阳光明媚、气候宜人，真是"一年四季百花开——长年都是春"哪。

惊蛰后的青竹蛇——一个比一个凶

释义 惊蛰：二十四节气之一。青竹蛇：一种毒蛇。惊蛰后，气温渐渐转暖，青竹蛇从冬眠中醒来，对人和动物构成危害。现指一个比一个凶猛、厉害。

例句 这两人吵起来就是"惊蛰后的青竹蛇——一个比一个凶"，谁也不让谁。

夏天的温度表——直线上升

释义 指升高或提高的速度非常快。

例句 经过三个月的奋力拼搏，李丽这学期的成绩真是"夏天的温度表——直线上升"。

夏天的头阵雨——下过地皮干

释义 指雨水很少。比喻做事只图表面，不能深入实际。

例句 你这种武断地处理事情的方式就是"夏天的头阵雨——下过地皮干"。

立秋的石榴——满脑袋点子

释义 立秋：在8月7日、8日或9日，我国以立秋为秋季的开始。本指秋季成熟的石榴果实里尽是籽儿，现指人办法多。

例句 你别看他平时不说话，他可是"立秋的石榴——满脑袋点子"，这事还是请他给拿主意吧。

秋后的蚊子——横飞不了几天啦

释义 比喻恶势力已接近灭亡。

例句 特警们已经擒获了贩毒集团的首领，这个造成了无数家庭家破人亡的罪恶集团终于像"秋后的蚊子——横飞不了几天啦"！

知识窗

蚊子，属于昆虫纲双翅目蚊科，全球约有3000种，是一种具有刺吸式口器的纤小飞虫。通常雌性以血液作为食物，而雄性则吸食植物的汁液。

秋后的石榴——一肚子红点子

释义 红点子：双关语，本指石榴籽，转指好主意。比喻人有很多好主意、好方法。

例句 同学们在为元旦晚会出谋划策，小刚一会儿想起个有趣的游戏，一会儿又有了个小品的构思，真是"秋后的石榴——一肚子红点子"。

过了霜降割豆子——误了三秋

释义 指失去了做某事的最好时机。

例句 比赛结束了才开始训练，这真是"过了霜降割豆子——误了三秋"啊！

冬天穿袄，夏天吃瓜——什么时候说什么话

释义 比喻人说话做事敏锐机智。

例句 最后，他干脆说："嫂子，'冬天穿袄，夏天吃瓜——什么时候说什么话'，你千不想万不想也得想想三个孩子，犯不着为了旁人连累自己。"

冬天吃冰棒——一直凉到心

释义 凉：双关语，本指冷，转指灰心或失望。指灰心失望到了极点。

例句 听到她说出这番假话来，老伯一下子就像"冬天吃冰棒——一直凉到心"了。

冬天吃葡萄——寒酸

释义 形容简陋或过于俭朴而显得不体面。

例句 直到来到小明的家里，同学们才意识到小明家的生活过得就像"冬天吃葡萄——寒酸"，大家决定要尽量帮助他。

冬天吃沙子——寒碜

释义 本指沙子硌牙。比喻穿着装扮或举止言语有失体面，让人讥笑。

例句 过节了他还是穿身旧棉袄，也不收拾收拾，真是"冬天吃沙子——寒碜"。

端午节包粽子——有棱有角

释义 形容人有个性，也指才华外现。

例句 刚刚步入社会，我们个个都是"端午节包粽子——有棱有角"的，可是经过一段时间的磨炼，我们就变得成熟多了。

腊月里打赤膊——心火太重

释义 比喻很着急，心里有火。

例句 本来就遇到了大堵车，又下了中雨，他这时候可是"腊月里打赤膊——心火太重"。

春天的萝卜——心里虚

释义 指内心空虚，或是做了见不得人的事情怕别人知道。

例句 他看起来一副大言不惭的样子，其实是"春天的萝卜——心里虚"啊！

趣味故事

八月十五吃月饼——正是时候

中秋节是一个古老的节日，这一天的传统习俗是吃月饼。月饼是圆的，象征着家人团圆。月饼的制作从唐代以后越来越考究。苏东坡有诗写道："小饼如嚼月，中有酥和饴。"清朝杨光辅写道："月饼饱装桃肉馅，雪糕甜砌蔗糖霜。"看来当时的月饼用料和现在已颇为相近了。

中秋吃月饼的习俗，据说是由元末流传下来的。相传元朝时，朝廷腐败，政治黑暗，老百姓生活很艰难。中原广大人民不甘受蒙古人的残酷统治，纷纷起义抗元。后来成为明朝开国皇帝的朱元璋想要联合反抗力量起义，但元朝官兵搜查严密，他苦苦思索却想不到办法传递消息。这时，他的手下刘伯温想出一条计策，命令手下制造饼子，将写有"八月十五夜起义"的纸条藏入饼子里面，再派人分头传送到各地起义军中，通知他们在八月十五日晚上起义响应。这个办法使他们顺利地一举推翻了元朝。

传说后人为了纪念朱元璋推翻元朝这一功绩，中秋吃月饼的习俗

也就流传了下来。其实，除了上面说到的这个故事，还有一种观点认为，月饼最初起源于唐朝军队庆祝胜利的食品。不过不论月饼源于什么时代，它都代表了人们期盼团圆的美好心愿。

现在，中秋节是我国仅次于春节的第二大传统节日，在这一天除了赏月之外，吃月饼也是一项十分重要的内容。

中秋晚上，我国部分地区还有烙"团圆"的习俗，即烙一种象征团圆、类似月饼的小饼子，饼内包糖、芝麻、桂花和蔬菜等，外压月亮、桂树、兔子等图案。祭月之后，由家中长者将饼按人数分切成块，每人一块，如有人不在家，即为其留下一份，表示合家团圆。

中秋节时，云稀雾少，月光皎洁明亮。民间除了要举行赏月、祭月、吃月饼祝福团圆等一系列活动，有些地方还有舞草龙、砌宝塔等活动。除月饼外，各种时令鲜果干果也是中秋夜的美食。

"八月十五吃月饼——正是时候"，用来形容人们说话、办事所碰上或选择的时间十分恰当。

积累卡

与大年三十相关的歇后语

1.三十晚上走路——没影儿 2.三十晚上熬夜——辞旧迎新 3.三十晚上出月亮——头一回 4.三十晚上买猪肉——买的找不到卖的 5.三十晚上熬稀饭——不像过年的架势 6.三十晚上翻皇历——只看过去，不看将来

答案

火烧城隍庙——（急死鬼）

火烧冰窖——（天意该着）

火种落进干柴堆——（点就着）

火烧到房子还瞧唱本——（沉得住气）

历史文化类 歇后语 LISHI WENHUA LEI XIEHOUYU

盘古王耍板斧——开天辟地

释义 盘古王：中国神话中的人物。辟：开辟。古代神话传说中，盘古氏在天地混沌中出世，开天辟地，才有了世界。比喻前所未有，历史上第一次。也比喻空前宏伟的事业。也作：盘古耍板斧——开天辟地。

例句 新中国的成立，在中国的历史上可以说是"盘古王耍板斧——开天辟地"的一件事。

大禹治水——不顾家

释义 指人忙于事业，不关心家庭。

例句 他每天都在忙公司里的事，家中的事全落在妻子肩上，妻子总抱怨他是"大禹治水——不顾家"。

萧何月下追韩信——连夜干（赶）

释义 赶：与"干"谐音。形容连着几夜做某事。也作：萧何追韩信——连夜地干（赶）。

例句 要想堵住口子，在洪峰到来之前把大堤修好，只有"萧何月下追韩信——连夜干（赶）"了。

319

扁鹊开药方——手到病除

释义 扁鹊：战国时代名医。形容医术高明。也比喻解决问题迅速。

例句 王医生医术十分高明，一下子就把老奶奶的病治好了。大家都夸他是"扁鹊开药方——手到病除"。

南郭先生吹竽——滥竽充数

释义 比喻没有真才实学的人混在行家里充数或比喻以次充好。

例句 刚练了两天就被拉着来参加运动会的开幕式，其实我知道自己在方队里就是"南郭先生吹竽——滥竽充数"。

霸王敬酒——干也得干，不干也得干

释义 干：双关语，本指干杯，后指工作。比喻人处于被动状态，不得不听从别人的指挥。

知识窗

西楚霸王，即项羽，中国古代杰出军事家及著名政治人物。秦朝灭亡后称霸一方，后在楚汉战争中败给汉高祖刘邦，于乌江边自刎。

例句 老板把本月的工资扣住不发，称加几天班才会发工资，职员们都感到苦不堪言，真是"霸王敬酒——干也得干，不干也得干"。

庞涓斗孙膑——败定

释义 庞涓：战国时的魏将。孙膑：战国时军事家，孙武的后代，齐国阿（今山东阳谷东北）一带人。比喻没有胜算，败局已定。也作：庞涓斗孙膑——败定了。

例句 临近终场的时候，我们还落后对手10分，看来这场球赛我们是

"庞涓斗孙膑——败定"。

唐伯虎的字画儿——名作

释义 唐伯虎：即唐寅，明代画家，伯虎是他的字。指有价值的作品。

例句 这幅挂在墙上的画作看起来不起眼，但却是"唐伯虎的字画儿——名作"，是已故著名画家的真迹。

秦桧杀岳飞——不得人心

释义 指所作所为违反民众的意愿，得不到别人的拥护和支持。

例句 下周就要期末考试了，可是足球队的教练却要我们每天多练习一个小时，自然是"秦桧杀岳飞——不得人心"，大家纷纷表示反对。

慈禧太后听政——独断独行

释义 指行事喜欢自作主张，只按自己的想法办，不考虑别人的意见。

例句 虽然同学们都反对这一计划，可班长还是一意孤行地坚持执行下去，这真是"慈禧太后听政——独断独行"。

知识窗

慈禧太后，同治帝生母，光绪帝养母。其人能书善画。她以垂帘听政、训政的名义统治中国多年，死后葬于河北清东陵。后人对其多负面评价。

高力士给李白脱靴——万般无奈

释义 高力士：唐朝宦官，受唐玄宗宠信，封渤海郡公，权势很大。一次，唐玄宗召李白进宫作诗，李白酒醉，让高力士给自己脱靴子，高力士恨透了李白，但因为是皇帝的圣旨，无可奈何，只得为其脱靴。形容极其无奈，没有办法。

例句 在对方的威逼之下，小张感觉自己是"高力士给李白脱靴——万般无奈"，只好答应了他们的要求。

王羲之写字——入木三分

释义 分：长度单位，10分为1寸。相传王羲之在木板上写字，刻字的人发现墨汁透入木板有3分深。形容书法极有力度，也比喻见解、议论深刻。

例句 我们的魏老师在古诗词方面造诣很深，就连著名教授也称赞他的一些见解好比"王羲之写字——入木三分"哪！

齐白石的《虾》——中看不中吃

释义 齐白石：现代画家，擅长画虾。指看着很好，却不能吃。也指表面上很好，实际上却一团糟。

例句 这样的饼干你可不能买，这可是"齐白石的《虾》——中看不中吃"啊！相信我，没错！

梅兰芳唱《霸王别姬》——拿手好戏

释义 梅兰芳：著名京剧表演艺术家，《霸王别姬》是他的代表剧目。比喻在某方面有特长。

例句 弹钢琴对他来说，那可是"梅兰芳唱《霸王别姬》——拿手好戏"，他曾获全国钢琴比赛第一名。

鱼戏莲叶间——自由自在

释义 鱼戏莲叶间：见汉朝乐府诗《江南》。戏：玩耍，游戏。形容完全不受管制，来去自由。

例句 每个人都想过"鱼戏莲叶间——自由自在"的生活，可现实是不允许我们这样安逸的。

百川东到海——大势所趋

释义 百川东到海：见汉朝乐府诗《长歌行》。川：河流。本指中国的河流大多是向东流入大海的，专指整个形势的动向。

例句 对此你千万别过分伤心，这是"百川东到海——大势所趋"，谁也改变不了的事实。

桃花潭水深千尺——无与伦比

释义 桃花潭水深千尺：见唐朝李白诗《赠汪伦》，后面一句为"不及汪伦送我情"。伦：本指汪伦，现指同类。形容特别出色，没有办法与之相比。

例句 我和盖瑞春是最要好的朋友，大家都说我们之间的友谊是"桃花潭水深千尺——无与伦比"的。

春蚕到死丝方尽——满腹经纶

释义 指一肚子学问和才能。形容人学问大，本事高。

例句 小王才二十出头，却是个"春蚕到死丝方尽——满腹经纶"的人，连老师都对他的学识感到震惊。

夜半钟声到客船——名（鸣）声远扬

释义 夜半钟声到客船：见唐代张继的诗《枫桥夜泊》。扬：传播出去。指很有名气。

例句 他是个孝子，在这附近早已是"夜半钟声到客船——名（鸣）声远扬"了。

九曲黄河万里沙——转弯抹角

释义 九曲黄河万里沙：见唐朝刘禹锡诗《浪淘沙》。抹：紧挨着绕过。本指黄河变道很多，现专指路弯弯曲曲，也比喻说话含蓄，不爽快。

例句 老王就是那么一个人，说话总是"九曲黄河万里沙——转弯抹角"的，真令人反感！

犹抱琵琶半遮面——害羞

释义 犹抱琵琶半遮面：见唐朝白居易诗《琵琶行》。形容有不安的情绪或难为情。

例句 看她那"犹抱琵琶半遮面——害羞"的样子，真是可爱极了！

大珠小珠落玉盘——响当当

释义 大珠小珠落玉盘：见唐朝白居易诗《琵琶行》。本指珠子碰击玉盘发出的声音响亮、清脆，现指人因优秀而名声远扬。

例句 你可别门缝里看人，把他看扁了，他可是我们市里"大珠小珠落玉盘——响当当"的人物。

·趣味故事

班门弄斧——不知高低

　　鲁班，又名公输般，春秋时代鲁国（今山东曲阜）人，传说他是位能工巧匠，建筑技艺举世无双。人们叫他"巧人"。民间一直把他看作是木匠的祖师爷。

　　在鲁班门前卖弄使用斧子的技术，也就是说，在大行家面前显示自己的本领，这种太不谦虚的可笑行为，就叫作"鲁班门前弄大斧"，简称"班门弄斧"。这和俗语所说的"关公面前耍大刀"的意思差不多。

　　传说和鲁班同时代还有一个工匠，名字叫石，人们叫他匠石，是楚国京城郢都那个地方的人，他的本事据说和鲁班分不出高低。他的本领高到什么程度呢？庄子在《徐无鬼》这一篇里讲过一个故事。据说这个匠石有一个好朋友，两个人常常一起配合表演。这个朋友在鼻子尖上薄薄地涂一层白灰，这匠石手中拿着斧子，瞅准了鼻子尖，"唰"一下子，就用斧子把鼻子尖上的白灰给扫

325

掉了，连鼻子尖的皮都蹭不到。可见他的本领有多大了。所以，后来柳宗元就说，假如有人"操斧于班、郢之门"，即拿着斧子在鲁班和郢都的匠石面前耍弄，那就有点儿"强颜"，也就是厚颜无耻了。

关于"班门弄斧"还有一个传说：

传说唐代诗人李白晚年游览安徽采石矶时，见水中之月清澈透明，便探身去捉，因此掉进江中淹死了，采石矶留下了李白墓、谪仙楼、捉月亭等名胜古迹。

有一次，明代诗人梅之焕来采石矶凭吊李白。梅之焕看到矶上、墓上，凡可以写字的地方都被人留有诗句，心中大为不满。那些人的文章写得狗屁不通，却在"诗仙"面前胡诌乱题，真是可笑之极！梅之焕想，这些人有什么脸在李白面前舞文弄墨呢？他越想越不是滋味，感慨之余，挥笔题了一首诗："采石江边一堆土，李白之名高千古；来来往往一首诗，鲁班门前弄大斧。"

"班门弄斧——不知高低"，用来讽刺人过高地估计自己的能力，不知天高地厚。

积累卡

与皇帝相关的歇后语

1.皇帝出宫——前呼后拥　2.皇帝打架——争天下　3.皇帝发酒疯——咋说咋有理　4.皇帝做馒头——御驾亲征（蒸）　5.皇上家的工——慢慢儿地蹭

答案

八仙过海　　　　　　　　　现了原形

龙王爷作法　　　　　　　　小看大仙

隔门缝儿看吕洞宾　　　　　呼风唤雨

白娘子喝了雄黄酒　　　　　各显神通

326